My first Geography storybook

石頭？

為什麼蹦蹦跳

我的第一本趣味

地理人文 故事

地球上，有太多太多的
神奇景觀是我們從未見過的！

i-smart

智學堂

智慧是學習的殿堂

國家圖館出版品預行編目資料

石頭為什麼蹦蹦跳：我的第一本趣味地理人文故事 /
王捷安編著. -- 初版. -- 新北市：智學堂文化，
民104.09　面；　公分. -- (青少年百科；19)
ISBN 978-986-5819-79-8(平裝)

1.人文地理　2.通俗作品

718.5　　　　　　　　104012304

青少年百科：19

石頭為什麼蹦蹦跳 ： 我的第一本趣味地理人文故事

編　　著 ── 王捷安
出 版 者 ── 智學堂文化事業有限公司
執行編輯 ── 廖美秀
美術編輯 ── 蕭佩玲
地　　址 ── 22103　新北市汐止區大同路三段一百九十四號九樓之一
　　　　　　　TEL　（02）8647-3663
　　　　　　　FAX　（02）8647-3660

總 經 銷 ── 永續圖書有限公司
劃撥帳號 ── 18669219
出 版 日 ── 2015年09月

法律顧問 ── 方圓法律事務所　涂成樞律師
cvs 代理 ── 美璟文化有限公司
　　　　　　　TEL　（02）27239968
　　　　　　　FAX　（02）27239668

本書經由北京華夏墨香文化傳媒有限公司正式授權，
同意由智學堂文化事業有限公司在港、澳、臺地區出版中文繁體字版本。
非經書面同意，不得以任何形式任意重制、轉載。

前言

　　我們常常會用「上知天文，下知地理」來形容一個人很有學問，可見地理的重要性。那麼什麼是地理？地理知識有什麼用呢？我們在課本中讀到這些知識，既歎為觀止，又有些許迷惑，心裡總會默默地想：這些知識的背後究竟還有怎樣精彩的故事？哥倫布在探索新大陸的航行中遇到了哪些挫折？昔日無比輝煌的瑪雅文明為何會走向沒落？人們熟悉的天氣預報最早是怎麼出現的⋯⋯大到滄海桑田、海陸變遷，小到一塊奇石、一場降雨，這些豐富多彩的地理知識就像一個巨大的磁場，吸引著我們加快對未知世界的探索步伐。

　　「讀萬卷書，行萬里路」，這一句流傳已久的古語說的很清楚，遊歷山水是與讀書學習同等重要的大事。遊歷山水能夠開闊一個人的眼界，增長學問，擴大知識面。然而，對於廣大青少年朋友而言，出門遊歷是一件耗費時間和金錢的事情，很難做到隨心所願。

　　為了能讓大家「秀才不出門，便知天下事」，我們用一個個生動有趣的故事，講述著地理世界的精彩。閱讀本

書，我們可以知道，在這個人類已經生活了百萬年的地球上，海上會驟現平坦大道、天空會下五顏六色的雨、閃電居然會攝影；山谷中突然會響起離奇的槍聲、遠離塵世的小島竟然出現了神祕的巨石雕像、廣袤的撒哈拉沙漠會出現許多精美的壁畫……太多太多的神奇景觀是我們從未見過的，太多太多的地理傳奇是我們難以經歷的，這些娓娓道來的故事將為我們清晰展現地理學的發展軌跡和地球的滄桑巨變。傳說中，古希臘的水手們有一本《航海指南》，裡面介紹了世界各地的地理概況和風土人情。我們這本書，也可以當做你走進地理世界，學習地理知識的旅行指南。

身未動，心已遠。手捧著這本書，你可以去百慕大三角洲探險，跟隨麥哲倫的腳步去環球旅行，加入到歷史考古的大軍中……當我們像收集郵票一樣將這些迷人故事中的地理概念收集完整時，我們便擁有了一份屬於自己的《航海指南》。而當我們有一天真正接觸到書中講述的大千世界，我們就會知道，哪些是最不可錯過的風景，哪些又該成為最有價值的收穫。到了那時，我們或許可以像那些偉大的旅行家那樣，寫下屬於自己的旅行日記。

現在，我們馬上就要開始一段神奇的地理旅程，你準備好了嗎？

給大地把把脈
——山河之歌

Chapter . 01

· 珠穆朗瑪峰的崛起 014

· 會噴冰的火山 017

· 救命的死海 020

· 神奇的「子母河」 023

· 救死扶傷的「聖泉」 025

· 冰天雪地裡的不凍湖 027

· 會變色的五彩湖 029

· 能讓人懸浮在空中的怪湖 032

· 上冷下熱的班達湖 034

· 日水潭的美麗傳說 036

· 貝加爾湖為何會有海豹生存 038

我要成為海賊王
——在海洋與島嶼間冒險

Chapter . 02

· 海洋是怎樣形成的　　　　　042

· 四個大洋的名稱是怎麼來的　044

· 愛隱身的沉浮島　　　　　　047

· 海上驟現平坦大道　　　　　049

· 塞特斯島是怎樣誕生的　　　051

· 催人長高的巨人島　　　　　053

· 世上的海底村莊　　　　　　056

· 綠色的大陸　　　　　　　　058

· 洋流助航的故事　　　　　　061

· 巴拿馬海峽是怎樣建成的　　064

瘋狂的石頭們

——走進奇石博物館

Chapter . 03

- 琥珀為什麼這樣珍貴　　　　068
- 神農架的奇石會奏樂　　　　071
- 蛤蟆石是怎樣形成的　　　　073
- 遇水顯字的奇石　　　　　　075
- 巨石學做變色龍　　　　　　078
- 預測天氣的「氣象石」　　　081
- 石怪公園探祕　　　　　　　083
- 飄然而起的巨石　　　　　　086
- 石頭為什麼蹦蹦跳　　　　　088
- 釋放毒氣的美麗石頭　　　　090

地球有個百寶箱
——自然的饋贈

Chapter . 04

· 巧用太陽退強敵　　　　　　　094
· 土地是孕育人類的母親　　　　097
· 石油是黑色的黃金　　　　　　099
· 茫茫大地何處找石油　　　　　102
· 煤炭最早是首飾　　　　　　　106
· 不怕火燒的石頭衣服　　　　　109
· 能吃的礦石　　　　　　　　　111
· 像玉石一樣美麗的大理石　　　114

地球憤怒的面具
——可怕的自然災害

Chapter . 05

· 火山是跛腳鐵匠的大火爐　　118

· 雪崩大逃亡　　121

· 地震是大地在憤怒　　124

· 你知道土石流有多可怕嗎　　127

· 龍捲風的神奇「表演」　　129

· 驚濤駭浪的海嘯　　132

· 可怕的紅色海水　　136

· 迷霧重重的厄爾尼諾　　138

漫遊東西世界

——感悟不同國家的人文歷史

Chapter . 06

・中華民族：古老的東方有一條龍　　142

・日本：經常晃動的島國　　144

・英國：莎士比亞的故鄉　　146

・法國：六邊形的國家　　148

・德國：音樂、通話、戰爭都在這裡　　150

・俄羅斯：土都會被凍起來的國家　　153

・加拿大：地廣人稀的楓葉王國　　155

・美國：山姆大叔的家鄉　　158

・墨西哥：戰神的國度　　161

・南非：鑽石王國　　163

・澳大利亞：騎在羊背上的國家　　166

空中花園裡的美麗城市

——不一樣的城市風景線

Chapter . 07

· 新加坡城：花園城市　　　　　　　　170

· 香港：去迪士尼樂園遊玩　　　　　　172

· 哥本哈根：小美人魚的家鄉　　　　　174

· 紐約：最繁華的國際大都會　　　　　176

· 東京：亞洲第一大城市　　　　　　　179

· 倫敦：英國女王居住的城市　　　　　182

· 巴黎：世界上最美麗的城市　　　　　184

· 布魯塞爾：歐洲的首都　　　　　　　186

· 羅馬：永恆之城　　　　　　　　　　188

· 里約熱內盧：森巴舞之都　　　　　　190

· 華盛頓：美利堅的心臟　　　　　　　192

· 雅典：歐洲文明的發源地　　　　　　194

· 開普敦：海上客棧　　　　　　　　　196

· 坎培拉：精心設計出來的首都　　　　198

萬花筒中看世界

——好玩的民俗風情

Chapter . 08

・毛利人真的是食人族嗎　　　　　　202

・永不會獵殺大象的國家　　　　　　204

・放鞭炮，掛燈籠，驅「年」跑　　　206

・與火雞結緣的感恩節　　　　　　　208

・耶穌誕生的日子　　　　　　　　　210

・這一天，送給媽媽一束康乃馨　　　212

・六一國際兒童節的由來　　　　　　215

・新娘子為什麼要穿婚紗　　　　　　217

・新婚夫婦為何要度蜜月　　　　　　219

・真奇怪，蘇格蘭男人也要穿裙子　　221

CHAPTER 01

給大地把把脈
——山河之歌

My first
Geography storybook

珠穆朗瑪峰的崛起

　　一天，玲玲聽奶奶講了這麼一個傳說：「傳說很久以前，現在喜馬拉雅山所在地是一望無際的大海，岸邊長著茂密的森林，一些動物在這裡自由自在地生活著。突然有一天，從海裡來了一條長著五個頭的毒龍，毒龍將整個森林都糟蹋了，森林裡的動物們忽然間失去了自己的家園，個個都處於絕望之中。這時，五個仙女從天而降，她們施展法力，降服了五頭毒龍。動物們感恩不盡，牠們哀求五仙女留下來共用太平之日，五仙女欣然同意，只聽五仙女向大海大喝一聲，大海不見了。於是，東邊成了茂密的森林，西邊成了萬頃良田，南邊成了花草茂盛的花園，北邊成了無邊無際的牧場。最後，五仙女則變成了喜馬拉雅山的五個主峰，屹立在西南部邊緣之上，守衛著這幸福的樂園。住在最高峰上的是名叫珠穆朗桑瑪的三姐，因而，這座山峰就叫『珠穆朗瑪峰』或『第三女神』，當地人也叫它『神女峰』。」

　　於是，第二天，她就把這個故事講給同學們聽，同學們聽後都感到很驚訝，並且又感到很懷疑：「難道珠穆朗

瑪峰就是這麼崛起的嗎？這也未免太不科學了吧！」於是，他們決定在地理課上向老師請教這個問題。

課堂上老師向他們解釋說：「這種神祕般的傳說並不足可信，地質學家們大都認為，從阿爾卑斯山脈到東南亞各大山脈的歐亞大陸山系，包括喜馬拉雅山脈，都是在過去6500萬年間達到最高點的一種力量所造成的。這條山系的各山脈，都是地殼強烈隆起的產物。地殼隆起時，把一個被稱為『古地中海』的古代深海海溝裡極厚的沉積岩層推出海面而形成的。這一觀點已經被大部分科學家所認同。

那麼，是什麼原始力量造成了如此龐大的隆起呢？大多數的地質學家都同意『力量來自大陸漂移』的說法。這種說法認為，印度次大陸從非洲南部分裂出來之後，向北漂移，與歐亞大陸板塊發生了大碰撞，從而造成了這種結果。

另外，關於喜馬拉雅山的隆起，也還有不同的說法。

1950年，瑞士地質學家海根曾經測量過尼泊爾。他認為喜馬拉雅山脈龐大的結晶岩石主脈不斷升高，是由於印度板塊的不斷擠壓，逼使此核心區的岩石向上升。

還有的地質學家認為，結晶岩石山峰驚人上升，是地球不停走向『地殼均衡』的反應：如果地殼某處下降，另

一處就會上升。至於哪種說法更合理、更科學，科學界還正在研討與爭論。」

「啊！原來是這樣呀！」同學們對老師的解釋都感到驚訝。玲玲也決定要把這個解釋講給奶奶聽，讓她也瞭解瞭解一下地質學家們的分析。

連結放大鏡：
中國大陸第一次登珠峰

1960年5月25日凌晨，中國大陸珠穆朗瑪峰登山隊在突擊組長王富洲的率領下，首次從北坡中國大陸境內登上了世界最高峰，登上頂峰的三名隊員是王富洲、貢布和屈銀華。這次登山，中國大陸登山隊共有29人登上了珠峰8100公尺以上的高度，除登頂隊員外尚有13名隊員登上海拔8500公尺的高度。這在世界登山史上也是第一次攀登最高峰的記錄。

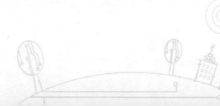

會噴冰的火山

一天，小鐘和爸爸在看新聞，裡面有個報導說有某某火山爆發了。於是，爸爸趁機想考考小鐘。

「小鐘，你知道火山爆發時噴發出來的是什麼嗎？」

「當然知道，書上說是熾熱的岩漿和氣體。」小鐘不以為然地答道。

「真的都是這樣嗎？告訴你吧，一般情況下，火山噴射的本應是熾熱的岩漿和氣體。可是，在冰島南部的格里斯維特的一座火山，卻不這樣，它噴出來的居然是冰。」

「是嗎，我可不相信，除非你有事實證明。」

「事實就在網站上，你自己去查查看，明天把你查的資料拿給爸爸看。」

第二天，小鐘到圖書館終於查到了有關這個火山噴冰的介紹。書上是這樣寫的：「1982年的一天，當地的很多人有幸目睹了格里斯維特火山噴射的壯觀景象。

「那天，火山噴發時，他們不僅沒有看到騰空而起的氣霧和煙塵，也沒有看到滾燙的岩漿噴湧而出，而是看到一塊塊冰塊被拋向高空。而且那冰塊噴射而出，以平均每

秒鐘420立方公尺的速度，噴出冰塊420立方公尺，最猛烈時，每秒鐘噴冰竟可達2000立方公尺。這一次火山爆發，共噴出了1.3立方千公尺的冰塊，真是壯觀無比。」

火山噴冰，這是什麼原因呢？

原來，冰島是個多冰川、多火山的國家，冰川、雪峰簇擁在火山口附近。有時，一邊是火山爆發，火山灰與岩漿噴湧而出；一邊卻仍是冰天雪地。有時，火山在冰川下突然爆發，如果冰層立即融化，就形成飛泉瀑布，甚至引起山洪暴發；如果冰層來不及融化，就會被拋向高空，形成火山噴冰的壯觀景象。

眼界大開：
奇特的火山

義大利西西里島的埃特納火山是一座噴金的火山。這座火山每天的噴出物中約有24公斤的金和9公斤的銀，它們和其他一些噴發物以氣體狀態噴入五六十米的高空，在空中冷卻後再以粉末狀降到地面和地中海，但是現有的技術水準還難以回收。

在拉丁美洲巴巴多斯島東部5000公尺的深海處，一座噴泥的火山，在寬約1000公尺的橢圓形火山口內，人

們看到的不是沸騰的岩漿，而是翻滾著的泥漿。整個火山口由一層密密麻麻的黃色細菌所覆蓋。

在哈薩克斯坦的緬布拉克山谷，有一座奇特的火山，它的火山口直徑有1000多公尺，噴出來的不是岩漿，也不是火與灰，而是水，所以火山口周圍長滿了各種各樣的植物。

救命的死海

「在死海中游泳是多麼有趣啊，我們決不會沉下去！你還可以挺直你的身體，把頭完全抬起來，舒舒服服地在水面仰睡著，並且還允許你撐開傘，擋住炎熱的太陽。」這是美國作家馬克·吐溫對死海的描述。

關於死海，流傳過這樣一個故事：西元70年，古羅馬的軍隊包圍了耶路撒冷城。有個叫狄度的統帥，為了懲罰那些反抗的人，準備處死幾個奴隸。他命令部下將奴隸們帶上了鐐銬，投進死海，想淹死他們。說也奇怪，這幾個奴隸好像身上套有救生圈似的，就是不往下沉。不一會兒，水流把他們送向岸邊。狄度又幾次命令把奴隸們拋進死海裡，結果還是漂了回來。狄度以為是什麼神靈在保佑他們，終於把他們赦免了。

那麼，這個奇異的地方在哪兒呢？

死海位於亞洲西部巴勒斯坦、約旦、以色列之間。它的名字上雖然有個「海」字，但它並不是海，而是一個湖泊。而且這個湖泊並不太大，它南北長75公里，東西最寬16公里，湖面面積為1000多平方公里。湖面高度低於地中

海海面390多公尺，平均深度為146公尺，最深深度達395公尺，是世界上陸地最低的地方。

一般的湖泊裡生活著許多動植物，但死海周邊沒有花草樹木，海邊沒有沙灘，只有大大小小的鵝卵石，天空沒有飛禽，地上沒有走獸，湖裡既沒有水草，也沒有魚兒。

不過，死海裡有一樣東西比任何湖裡都多，那就是鹽。湖水含鹽量過大、湖岸也因富含鹽分而得名。死海表層含鹽量為23％，底層為33％，就是說比一般海水高5～8倍。鹽的蘊藏量約110億噸，足夠40億人口用2000年。因湖中除鹽外幾乎無任何生物，故稱「死海」。由於死海海水的密度大，故人們可以像躺在床上一樣舒適地仰臥在水面上。

連結放大鏡：

死海的未來

長期以來，在死海的前途命運問題上，一直存在著兩種截然不同的觀點：一種認為，死海在日趨乾涸，不久的將來，死海將不復存在，死海的前途是「死」定了；另一種觀點則認為，死海並非是沒有生命的死水，而且它的前途無量，是未來的世界大洋。

持前一種觀點的人認為，在幾千年漫長的歲月中，死海日復一日、年復一年地不斷蒸發濃縮，湖水越來越少，鹽度越來越高。加上那裡終年少雨，夏季氣溫高達50℃以上。唯一向它供水的約旦河，還要被用於灌溉，所以它面臨著水源枯竭的危險。

然而另一種觀點則從地質構造的角度來考慮，認為死海位於著名的敘利亞——非洲大斷裂帶的最低處，而這個大斷裂帶還正處於幼年時期，終有一天，死海底部會產生裂縫，從地殼深處冒出海水，隨著裂縫的不斷擴大，生成一個新的海洋。

神奇的「子母河」

下課後，小軒與小宇兩人正在談《齊天大聖》裡的情節。其中談到唐僧師徒四人路經女兒國時，因喝了那裡一條河裡的水而懷孕生小孩的情節。他們談得口沫橫飛，把附近的同學都吸引來了。突然，他們當中的莉莉冒出這樣一句話：「有一條神奇的河，能促進人畜生育。雞、鴨、鵝喝了這條河的水以後，產蛋量增加。長期不孕的婦女持續飲用這裡的水就能夠懷孕生育。它就是新疆北部的額爾齊斯河。我跟你們說一個我從叔叔那聽來的真實故事吧！」

「20世紀60年代初期，新疆可哥托海礦區一名炊事員，婚後20年一直都沒有孩子。他把妻子接到礦區，不到2年，他妻子就成功懷胎並且一胎就生了一男一女，這對夫妻萬分高興，見人便說：『咱們新疆真是個好地方！』

可哥托海礦區有不少前蘇聯專家，他們在蘇聯生活時，有好幾個人的妻子長期不孕，到這裡生活幾年，喝了『額爾齊斯河』的水後，都有了孩子。於是，他們高興地說：『中國大陸真是塊寶地，不但資源豐富，而且我們多

年不孕的夫人來到這裡就生了孩子。』哈哈，神奇吧！」

「真的，太神奇了！」同學們都回應道。

「那麼，這是什麼原因呢？」同學們不解地問。

「聽我叔叔說，額爾齊斯河之所以這麼神奇，是因為這條河中上游屬於高山嚴寒地區，雪水是額爾齊斯河的重要水源。雪水中含有微量的『重氫』。從醫學上講，重氫對婦女生育有改變作用，所以，常飲高山雪水，有利於婦女生育機能的恢復。」莉莉對他們解釋說。

連結放大鏡：

額爾齊斯河

額爾齊斯河是中國大陸唯一流入北極海的河流，發源於阿爾泰山南坡，自源頭至國界全長46公里，流域面積5.7萬平方公里。它河谷寬廣，水勢浩蕩，年徑流量多達119億立方公尺，水量僅次於伊黎河，居新疆第二位。水中多產魚，接近邊境處河面寬達公里，可通輪船。額爾齊斯河沿岸風光壯美。又應「金山」而有「銀水」之美稱。下游的布林津河和哈巴河兩河的河床中灘塗林立，河谷中沼澤密佈，水草和綠樹十分繁茂，被譽為「大漠水鄉」。

救死扶傷的「聖泉」

1963年，一位名叫維托利奧・密查利的義大利青年身患絕症。當時，他才21歲，可癌細胞已破壞了他的左髖骨部位的骨骼和肌肉。醫生在他的左側從腰部至腳趾全打上了石膏，並預言他的生命只剩最後的1年。就在這時，有人跟他說，在法國庇里牛斯山脈有一個叫勞狄斯的小鎮，小鎮附近有一個許多世紀以來聞名全球的神祕「聖泉」，只要人往裡面泡一泡，就能讓他們儘快擺脫病魔的纏繞。

於是，他在母親的陪伴下，經過16小時的長途旅行到達了勞狄斯，第二天便去「聖泉」沐浴。之後，他回家躺了幾星期。突然，有一天他產生了要站起來行走的強烈欲望。他居然拖起打著石膏的左腿從屋子的一頭走向了另一頭！此後幾星期，他繼續在屋內來回走動，並食慾漸增，體重漸長。到了當年底，他的疼痛感竟全部消失了！

1964年2月18日，醫生為他除去左腿上的石膏，並再次進行X光透視，片子上顯示出他曾經是完全損壞的骨盆組織和周圍骨骼竟然出人意料地再生了！到了當年的4月，密查利已經行動自如。

　　法國著名生物學家、諾貝爾獎獲得者艾利克賽・卡羅爾博士認為，這是心理過程和器官過程間的聯結，使一些不治之症得以痊癒，因為去勞狄斯的病人大都是虔誠的宗教徒。但是，醫學界對卡羅博士的分析仍有爭議，對於「聖泉」治病的祕密，人們還要繼續探尋。

連結放大鏡：

聖水

　　據說發源於喜馬拉雅山南部的恆河可以祛病消災、延年益壽，因此每年都有許多教徒到這裡沐浴。近年來，由於沐浴的人數日益增多，恆河水道受到了嚴重污染，但是沒有一個人因飲用恆河水而患上疾病。遠洋輪上儲存的恆河淡水，經過萬裡行程仍很新鮮。最令人不可思議的是，只要向含有痢疾和霍亂菌的培養液中注入一些恆河水，數日後，細菌便會全部死去。經科學家研究，發現在恆河水中含有放射性礦化物鈽-238所蛻變產生的鉍-274，這種物質幾乎能殺滅河水中99％的細菌。

　　此外，恆河水還含有一般河道所沒有的特殊噬菌體以及重金屬化合物。正因為如此，才使恆河水具有了獨特的自潔能力，因而被印度教徒們視為「聖水」。

冰天雪地裡的不凍湖

　　南極是一個冰天雪地的世界，這片1400萬平方公里的土地絕大部分都被厚厚的冰層覆蓋著，零下五六十度的低溫彷彿讓一切都喪失了生機。然而就是在這樣一片冰凍的荒原中，活躍著一個神奇的不凍湖，它的面積達2500多平方公里，在正常情況下零度就會結冰的湖面上，還不時會有一陣陣的間歇泉湧出。

　　科學家考察了不凍湖的地質結構，認為這裡不存在類似火山的地質現象。那麼，這些湖水怎麼會不結冰呢？

　　有人說，水面以下500公尺深處，水溫可能會比湖面要高，深處的湖水未能接觸到南極的寒冷空氣，因而形成了一個漩渦，較高溫度的水不斷捲到湖面，防止了結冰的出現，於是有了不凍湖。另一種說法認為，南極的強風是造成不凍湖的根源所在。可這種說法遭到廣泛質疑，因為即使以每秒十幾公尺速度的強風吹拂，不凍湖的水面頂多也只能有10公里寬，幾千平方公里的湖面恐怕不僅僅是由強風所帶來的。

　　新的說法很快被提了出來：在湖水結冰的過程中，鹽

分會被透析出來並淤積在冰層之下，那裡的湖水密度增加就會導致不同湖水的對流。由於對流，密度高、水溫低的湖水下降；密度低而水溫高的湖水就升到了湖面，從而形成了不凍湖。不過，這些都是猜測，不凍湖的真實成因，至今仍然無法破解。

眼界大開：
世界怪湖集錦

俄羅斯捷良賓斯克州有一個「甜湖」，湖中的水是甜的。據說用甜湖水洗衣物，不用肥皂也能搓出泡沫，並能把衣物上的污垢洗乾淨。

西印度群島中的巴哈馬島上有一個「火湖」。原來，在「火湖」中生長著一種體積微小的海洋生物「甲藻」，它含有螢火素和螢火酵素，一旦發生氧化作用，就能閃閃發光，湖水一被攪動，就會出現奇妙的火光。

北美洲的特立尼達島上有一個湖面烏亮的天然瀝青湖，占地46公頃，深達90公尺。湖底會不斷湧出瀝青，而且採之不盡。原來，它是由於古代地殼變動，岩層破裂，地下石油和天然氣湧溢出來，與火山灰混合後逐步演變而成的。

會變色的五彩湖

　　在藏北無人居住的山間小平原上，就有一個五彩湖。在陽光照耀下，湖水閃現出白、黃、紅、綠、藍5種色彩。這是為什麼呢？

　　原來，青藏高原本是大海的一部分，隨著地殼變動，海底成了陸地。五彩湖所處的地勢低窪，因而形成湖泊。當時青藏高原的氣候濕熱，因而形成紅土，較淺的湖水被紅土照成了紅色。到了第四紀時，強勁的北風吹來了黃土，它們沉積於紅土之上的海岸，因而湖水在黃土的映照下，形成黃色。以後青藏高原繼續抬升，氣候變乾；長期乾旱和湖水的強烈蒸發，在湖岸邊又形成了白色的石膏層，湖水在石膏層的映照下又顯出白色，在湖水較深的地方，由於對陽光的散射而形成綠色和藍色。原來，美麗的五彩湖並不是仙女的化身，它是大自然最美妙的禮物啊！

　　四川西北部的岷山，綿亙千里，在雪山和森林之間，鑲嵌著許多美麗的明珠。這裡也有一個五彩湖，水色變幻多端。從山腰俯視，彷彿是一個色彩斑斕的水晶宮。水面上，有的地方顯露出海藍色，有的地方呈現著翠綠色，有

的地方輝映成橙黃色。人們以石擊水，蕩起漣漪，反射出粉紅色和雪青色的波光，向四周擴散開去，宛如一道道美麗的彩虹。

為什麼湖泊會變色呢？原來，陽光透過林梢灑向湖面，湖水明澈如鏡，倒映出林梢的絢麗色彩；加上湖底的石灰岩高低不同，有深有淺，本身顏色有別；再加上水裡的水藻，反射上來，就形成了極為豐富的色彩。

岷山南坡松潘黃龍寺風景區的五彩湖，就更奇特了。從山腰到山麓，有一條寬幾公尺，長7千多公尺的岩溝，溪水沿著山坡蜿蜒而下，在陽光映照下，彷彿一條金黃色的彩帶在飄動，兩端都有成串的明珠般的五彩湖。湖床是乳色和米黃色的石灰岩，宛如精美玲瓏的玉石雕刻。它們形狀千姿百態，有的像葫蘆，有的像壺、盆、鐘、鼎，有的像蓮瓣和菱角，水色五彩紛呈，豔麗如錦。人們用手捧水，手上的水又變得無色而透明了。

印尼努沙登加拉群島中的一個小島佛勒斯，也有個類似的五彩湖。它位於克利托摩地方附近，湖泊被重疊的群山所包圍。湖水的一邊泛映著鮮紅血液似的色澤，中間的湖水相襯出深綠色，而另一邊湖水又是另一種草綠的色澤。阿爾及利亞阿爾必斯城附近，有一個天然的「墨水湖」。這個湖是由兩條小河彙集而成的，其中一條河裡的

水含有大量鐵鹽，另一條河含的卻是大量的腐蝕物質。經過化驗後得知，這兩股水匯合後發生化學變化，才形成了天然墨水。

　　澳大利亞南部還有一個會變色的湖，一年中，它會出現灰色、藍色和黑色三種不同的顏色，這是十分少見的。這是什麼原因呢？科學家發現，這個湖裡含有大量的碳化鈣，這就是它玩的把戲。冬季，這裡氣溫較低，碳化鈣就沉澱在湖底，凝結成結晶體，這時候湖水呈現出黑色。到了夏季，氣溫增高，水溫也升高了，碳化鈣晶體從湖底慢慢向上升高，它使黑色的湖水變成了灰色。秋季來臨時，那些碳化鈣的結晶，幾乎全部浮上水面，湖水又由灰色變成藍色。

眼界大開：
會變色的多瑙河
　　歐洲的多瑙河是一條奇特的河，有人做過統計，它的河水在一年中會變換成8種顏色：6天是棕色的，55天是濁黃色的，38天是濁綠色的，49天是鮮綠色的，47天是草綠色的，24天是鐵青色的，109天是寶石綠色的，39天是深綠色的。

能讓人懸浮在空中的怪湖

　　1998年的一天，有個人在阿根廷的一個名叫沙蘭蒂納的湖中游泳，剛進入到水中不久，他突然感覺自己像是浮到空中，彷彿失重了一樣。這一奇特現象吸引了成百上千的旅行者以及科學家前去探險。

　　聽到這個消息後，著名的物理學家卡羅斯1999年2月也來到這裡，並對發生的奇特現象進行跟蹤研究。

　　為了體驗怪湖懸浮現象，卡羅斯日夜守候在湖邊。幸運的是，至今他已體驗了5次不同尋常的懸浮經歷。但令他至今難忘的還是第一次，那天他和女友在怪湖裡游泳，忽然，他感到身體被一股神奇的力量托起，浮出水面，飄向空中。

　　當時儘管身體感覺不出異樣，但他還是被嚇得半死。他在空中漂浮了約5分鐘，感覺就像在水裡游泳，只不過可以自由呼吸罷了。

　　後來，卡羅斯終於認識到：怪湖發生的這種人體懸浮現象並無規律可循，通常人體會浮離水面3～3.7公尺，懸浮時間有長有短，從20秒到半小時不等。

怪湖直徑約180公尺，但只在靠近岸邊45公尺的區域
內會發生懸浮現象。

 連結放大鏡：

不沉湖

在地中海的占依島上，有一個「不沉湖」。湖水終年
散發出濃烈的火藥味，而且五光十色，鮮豔晶瑩。人們在
湖裡投進石塊，也不會下沉，石塊彷彿薄紙似的在湖面漂
來漂去。人在湖裡游泳不會被淹死。

據說，用這種水洗澡，可以使皮膚變得光滑細緻，有
益健康。據科學家分析，湖水裡含有某種礦物質。

上冷下熱的班達湖

　　在南極洲羅斯海岸附近，有一個長3公里、寬2公里的鹹水湖，因為它位於天氣寒冷的南極，所以即使在夏季，湖面上也厚厚地結著三四公尺的冰層。可是令科學家們納悶的是，在冬季零下45℃的情況下，湖面下幾十公尺深處的水溫卻有25℃，這就是名副其實的上冷下熱的班達湖。

　　班達湖怎麼會擁有如此獨特的特性呢？水是熱的，自然會有熱源。地質學家嚴格考察了班達湖附近的地熱活動後發現，雖然附近的羅斯海岸有不少活火山，有的近年來還在噴發，加上這一帶地殼活動不太穩定，容易被人誤解為是受地熱資源影響而湖下水變熱，但這是一種想當然的說法。他們的考察結果表明：班達湖附近並沒有任何地熱活動。

　　於是又有科學家提出了太陽輻射的說法。南極夏季擁有很長時間的日照，湖面因為太陽輻射帶來水溫增高；冬季湖面水結冰又使鹽度增高、密度增大，於是夏季增溫的水會因密度大而往下沉，這樣形成了底層水溫比湖面水溫高的奇特景觀。支援輻射說的人補充，湖面的冰能使熱輻

射穿透冰層到水底，該地風大，積雪被吹走後的岩石也能吸收熱輻射，這樣湖面冰層以下的水溫會逐年增高。

另外底層湖水密度大都不會升到表層，因而保持了湖下較熱的水溫。那麼，這樣的解釋能讓人們相信25℃的高溫是微不足道的熱輻射帶來的嗎？更何況，冰層對輻射還會有反射。對這種解釋我們更加迷惑了。

連結放大鏡：

沸騰的湖

多明尼加島上有個沸湖，位於南部的山谷中，湖長不過90公尺，離湖邊不遠就深達90公尺。平時湖中無水，深深的湖底露出一個圓洞。當湖裡佈滿水的時候，湖面熱氣騰騰，好像煮沸了的水那樣，而且從湖底噴出一股高約3公尺的水柱來。散發出的氣體裡含有硫磺，湖的周圍一片荒涼，寸草不生。

為什麼湖水會沸騰呢？原來，沸湖不僅是個火山口，還是個巨大的間歇噴泉。地下岩漿離地面較近，當地下水被加熱後，就透過岩石的縫隙向地面噴出來。由於地下水積聚了一定的壓力後才噴出，所以很壯觀。

日水潭的美麗傳説

日月潭是臺灣著名的風景區，是臺灣八景中的絕勝，也是臺灣島上唯一的天然湖泊，其天然風姿可與杭州西湖相媲美。潭中有一小島名光華島，以此島為界，北半湖形狀如圓日，南半湖形狀如一彎新月，日月潭因此而得名。

相傳300年前的一天，邵族祖先在阿里山上狩獵，為了追逐一隻白鹿，來到日月潭及其附近的地區，他們發現這裡土地肥沃，水源充足，是一個可供族人繁衍生息的福地，於是舉族遷居此地，這就是所謂的逐鹿傳奇，雖然是一則傳說，但說明邵族在水沙連和日月潭地區居住是相當久遠的事情。

日月潭湖深水清，波平如鏡。湖中有天然小島浮現，圓若明珠，形成「青山擁綠水，明潭抱綠珠」的美麗景觀。朝霞暮靄，明月清暉，時或煙雨迷蒙，湖山隱約，環境幽溫。7月平均氣溫在22℃左右，1月平均氣溫在15℃左右，冬暖夏涼，是理想的避暑勝地。

日月潭風光，尤以秋高氣爽季節為佳。每當夕陽在天，晚霞一片，湖面上飄起輕紗般的薄霧，煞是好看。待

到新月初升，霞光、清輝相映潭中，寧靜、優雅，更給潭畔增添了不少神祕色彩。

連結放大鏡：

邵族風采

日月潭畔的邵族，為原住民中人數最為稀少的一族，目前人口僅約二百多人，分佈在魚池鄉日月村及水里鄉大平林。邵族具有堅韌的民族性格及崇敬的祖靈信仰，所謂祖靈信仰，即邵族將拉魯島視為最高祖靈的聖地，每戶則供奉一隻「祖靈籃」，內供祖先遺留下來的衣飾，代表祖靈的存在，依四時之序，舉行歲時祭祀儀式，如農曆三月有水稻的播種祭、移植祭，五、六月時有除草祭、整田祭，七月有狩獵祭、拜鰻祭，八月則是邵族最盛大的祭儀——傳統豐年祭，慶賀一年的豐收，放飛一年的喜悅。當邵族人的杵舂響起石音時，即為迎接歡樂節慶的前奏，演出名聞遐邇的「湖上杵音」，也使眾多遊客對這一古老民族增添了許多注重農桑、建設家園的敬意和歷史悠久、文化燦爛的嚮往。

貝加爾湖為何會有海豹生存

　　在西漢時期，貝加爾湖屬匈奴的控制範圍之內，當時的名字叫做北海。西漢使節蘇武就被單于流放到這個地方長達19年。如今的貝加爾湖地屬俄羅斯，是世界上容量最大最深的淡水湖，1996年被列入《世界遺產名錄》。

　　貝加爾湖狹長彎曲，宛如一彎新月，所以又有「月亮湖」之稱。此外，這裡的湖水總是清澈見底，就算是在水深40公尺處擱一個白色瓷碟也能看得見，因而它也被譽為「西伯利亞明眸」。除了美麗的湖形和清澈的湖水，貝加爾湖還以其日照時間之長聞名於世。這裡全年日照時間長達2524小時，是俄羅斯的最高紀錄。

　　貝加爾湖風景秀美，湖內物種豐富，有很多西伯利亞其他淡水湖已絕跡的物種，包括珍貴的鮭魚物種——奧木爾魚、白鮭、細鱗鮭、哲羅魚、鰻魚、鱸魚，等等。這裡還是俄羅斯的主要漁場之一。此外，在貝加爾湖裡，還有一個十分有趣的哺乳動物代表——貝加爾湖海豹。

　　然而，最使科學家感興趣和迷惑不解的是，貝加爾湖中生活著許多道道地地的海洋生物，如海豹、鯊魚、海

螺、奧木爾魚等。世界上只有貝加爾湖湖底長著濃密的叢林——海綿，海綿中還生長著外形奇特的龍蝦，可是貝加爾湖的湖水一點也不鹹，為什麼會生活著如此眾多的「海洋生物」呢？對此，科學家們作了種種推測。

最初，很多科學家認為，地質史上貝加爾湖是和大海相連的，海洋生物是從古代的海洋進入貝加爾湖的。然而，20世紀50年代隨著鑽探技術的進步，在貝加爾湖打了幾個很深的鑽井。在取上來的岩芯樣品中，沒有發現任何中生代的沉積層，只有新生代的沉積岩層。其他的一些資料也證明，貝加爾湖地區長時間以來一直是陸地，貝加爾湖也是地殼斷裂活動而形成的，這就否定了貝加爾湖之前是海洋的說法。

那麼，湖中的海洋生物到底從何而來呢？它們又是怎樣進入湖中的呢？有的科學家認為，只有海豹和奧木爾魚是真正的海洋生物，它們可能是從北極海沿著江河來到貝加爾湖的。至於海綿、龍蝦、海螺、鯊魚等生物之所以在貝加爾湖生存，是因為貝加爾湖有類似海洋的一些自然條件，如貝加爾湖非常像海洋盆地，所以在許多淡水動物的身上，產生了像海洋動物一樣的標誌。

關於貝加爾湖特有的生物來源問題，至今沒有水落石出。最顯而易見的疑問在於：為什麼海豹和奧木爾魚不在

老家好好待著，卻要長途跋涉搬到2000多公里以外的淡水湖來生活呢？而且它們怎麼知道那裡有適於它們開展新生活的貝加爾湖存在？從18世紀到今天，科學家們已經用10多種文字，在20多個國家裡出版了2500多部有關貝加爾湖的著作。但看這些謎就像貝加爾湖本身一樣，變幻不定，深奧莫測。

連結放大鏡：

蘇武牧羊

　　蘇武是西漢時的大臣，天漢元年，他奉命以中郎將持節出使匈奴，被匈奴扣留。匈奴單于為了逼迫蘇武投降，開始時將他幽禁在大窖中，蘇武饑渴難忍，就吃雪維生，決不投降。後來，匈奴將他遷到北海（今貝加爾湖）邊牧羊，揚言要公羊生子方可釋放他回國。蘇武歷盡艱辛，留居匈奴十九年持節不屈。直到始元六年才獲釋回漢。蘇武死後，漢宣帝將其列為麒麟閣十一功臣之一。

CHAPTER 02

我要成為海賊王——
在海洋與島嶼間冒險

My first
Geography storybook

海洋是怎樣形成的

　　還記得那部著名的動畫片《海底總動員》嗎？在幽藍深邃的海洋中，小丑魚爸爸瑪林和兒子尼莫簡單幸福的生活著，他們的家園非常美麗：橙紅色的海葵色彩絢麗，它的觸角非常柔軟，猶如花瓣一樣在海水中輕輕舞動。藍色水底有很多美麗異常的海洋生物游來游去……這神奇的景象不僅帶給我們夢幻般的體驗，而且激發了我們探尋海洋世界的好奇心。

　　那麼，海洋是怎樣形成的？海水是從哪裡來的？關於這個問題，我們要回到遙遠的遠古時代，從地球的起源講起。

　　大約在50億年前，太陽星雲中一部分星雲團塊彼此之間發生了劇烈的碰撞，而後又結合在一起，形成了地球。最初的地球既無大氣也無海洋，是一個沒有生命的世界。在地球形成後的最初幾億年裡，由於地殼較薄，加上小天體不斷撞擊地球表面，地幔裡的岩漿易於上湧噴出，因此，那時的地球到處是一片火海。

　　在岩漿噴出的同時，大量的水蒸氣、二氧化碳也一同

噴出。這些氣體上升到了空中,迅速將地球籠罩起來,水蒸氣還形成雲層產生了降雨。這些雨落到原始地殼低窪處形成積水,隨著雨的不斷降落,積水也越來越多,原始的海洋也就形成了。

　　原始的海洋中海水不多,約為今天海水量的1／10,而且,原始海洋的海水只是略帶鹹味,後來鹽分才逐漸增多。隨著水量和鹽分的逐漸增加,以及地質歷史的滄桑巨變,原始的海洋才逐漸形成如今的海洋。

連結放大鏡：

最深的海洋

　　位於太平洋的西部的馬里亞納海溝,是太平洋西部洋底一系列海溝的一部分。它位於亞洲板塊和太平洋板塊之間,北起硫黃列島、西南至雅浦島附近。其北有阿留申、千島、日本、小笠原等海溝,南有新不列顛和新赫布里底等海溝。全長2550公里,為弧形,平均寬70公里,大部分水深在8000公尺以上。最大水深在查林傑海淵,為11034公尺(各年測得深度不同),是地球的最深點。

　　查林傑海淵這個名字是為了紀念發現它的英國「查林傑8號」船而得名的。

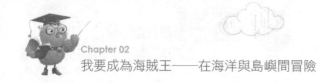
四個大洋的名稱是怎麼來的

海洋家族有四個成員：太平洋、大西洋、印度洋、北冰洋（北極海），他們的名稱是怎麼來的呢？

太平洋最初沒有統一的稱呼，我國古代把它籠統地稱為「滄海」、「東海」等，在國外也曾有人將它命名為「南海」。現在使用的名稱是葡萄牙著名航海家麥哲倫所取的。

1519年，這位探險家帶著由幾隻帆船組成的船隊橫渡大西洋，幾個月後到達南美洲的巴西海岸。接著他們沿海岸繼續向南航行抵達南美洲最南端，然後從東而西穿過一條曲曲折折、長達100多公里的海峽──後來以他的名字命名的麥哲倫海峽，進入太平洋海域。

麥哲倫發現這裡波平如鏡，與洶湧澎湃、波浪滔天的大西洋形成鮮明的對照，因此，他給這片大洋取名為「太平洋」。

大西洋在西方各種語言中稱為「阿特蘭他洋」，源於古希臘神話中的一位英雄阿特拉斯的名字。在古代希臘神話故事中阿特拉斯是普羅米修士的兄弟。普羅米修士因盜

取天火給予人類而觸犯了天條，被萬神之王宙斯判處死刑，綁在高加索山上，讓雄鷹啄其心肝。阿特拉斯也因此受到株連，宙斯令他頭頂肩扛巨大的地球，永遠不准放下。傳說這位頂天立地的大力神住在極遠極遠的西邊，人們看到大西洋海域寬廣，無邊無際，以為它就是阿特拉斯的棲身之所，就把它稱為阿特蘭他（阿特蘭他是阿特拉斯的形容詞）。

然而，我們現在使用的大西洋這個名字卻與大力神阿特拉斯無關，而是根據明朝時歐洲傳教士編繪的世界地圖上拉丁文名稱意譯過來的。而且在古代，大西洋南北則被稱為「西洋」或「北海」。直到17世紀中期，西方各國才把「阿特蘭他洋」一名擴大到大西洋北部。

印度洋在我國古代被稱為「西洋」。我們平常所說的明代大航海家鄭和下西洋，指的就是印度洋。從古希臘時期到古羅馬時期，印度洋曾被人稱為「紅海」、「南海」、「東海」等。

直到15世紀末，葡萄牙著名航海家達‧伽馬為了尋找通往印度的航線，繞過非洲南端的好望角進入這個大洋後，才開始使用印度洋這個名稱。這個名稱逐漸為人們所接受，成為通用的名稱。

北冰洋（北極海）名稱的由來，一則因為它處於以北

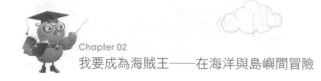

極為中心的地區，二則因為這一地區氣候嚴寒，洋面上常年覆有冰層。所以，人們稱之為「北冰洋」。

連結放大鏡：
四大洋之間分界線在哪裡

四大洋之間並沒有明顯的界限，有的只是人為規定的界限。一般認為，大陸和島嶼是大洋間的天然界限。在沒有這種天然界限時，就以假定的標誌為界限。

通常，太平洋和印度洋，以經過塔斯馬尼亞島的東經146°經線為分界；大西洋和印度洋，以透過南非厄加勒斯角的東經20°經線為界；北冰洋（北極海）和太平洋，有白令海峽相通；北冰洋（北極海）和大西洋，以一些海嶺為界，有一些海峽相通。

愛隱身的沉浮島

　　1831年7月10日，一艘義大利貨船途經突尼斯海峽時，船員們突然看見前方海面上湧起一股巨大的水柱，這個水柱高約20公尺，柱體方圓近700公尺。隨著水柱的噴射，海面發出隆隆的海濤聲。不一會兒，水柱稍停，在該處升起一團煙霧彌漫的蒸氣，直升到近600公尺的高空。

　　當時，船員們一個個嚇得驚慌失措，馬上駕著船逃離了這個海域。8天後，當返航的船員們心驚膽顫地又經過這裡時，卻發現原先冒水柱的地方出現了一個小島，並且還呼呼地冒著白煙。在小島周圍的海面上還漂浮著許多紅褐色的浮石，並有大片大片的死魚。又過了10多天，小島長大了，高度從4公尺長到60多公尺，周長擴展到4.8公里。然而，令船員們驚奇的是：3個月後，這個剛長上來的島又神祕地失蹤了。這個就是有名的沉浮島，據有關資料記載，這種沉浮島在地球上還有很多，它們都是由於火山活動的結果。如位於挪威以北的北極海中的斯匹次貝根群島就是一群沉浮島，它們有時沉沒於海洋中，一點蹤影也不見，有時又浮現在海面上。

　　科學家們在考察中發現了群島上有幾千年前海岸線的遺跡，這條古海岸線位於海拔100公尺的高處。波蘭科學家經過研究認為，斯匹次貝根群島的垂直運動不是一直向下的，這有可能是在冰川期，沉重的冰帽將群島「壓」到海洋深處，在冰融化之後，群島便開始浮升到洋面上來了。

眼界大開：

會旅行的海島

　　有的海島居然還會旅行。在加拿大東南的大西洋中，有個叫塞布林的島。這個島十分古怪，沒有海浪的沖擊，它也會移動位置，而且移動得很快，彷彿有腳在走。每當洋面刮大風時，它就會像帆船一樣被吹離原地，作一段海上「旅行」。該島東西長40公里，南北寬1.6公里，面積約80平方公里，呈月牙形。由於海風日夜吹送，近200年來，小島已經背大陸方向向東「旅行」了20公里，平均每年移動達100公尺。塞布林島還是世界上最危險的「沉船之島」。從歷史考據看，在這裡沉沒的海船，先後達500多艘，喪生的人計5000多名。因此，這裡的海域，被人們稱為「大西洋的墓地」、「毀船的屠刀」、「魔影的鬼島」等。

海上驟現平坦大道

一次，小偉聽地理老師說：「韓國有個珍島，是韓國的第三大島，面積446平方公里。每到春季，珍島就會出現兩次因潮汐漲落而形成海水退位、道路出現的奇觀。」

聽老師這麼一說後，小偉對那兒真是神往不已。於是，他極力要求爸爸媽媽在春天帶他去看看。爸爸媽媽答應了他的要求，他們一同去了那兒，並看到他神往已久的情景：那天，珍島海水水面漸漸下降，直到第二天下午5時左右，夕陽燦爛，滔滔海水完全退盡，竟出現了一條寬約40公尺、長約3000公尺的平坦大道，這條大道把珍島同鄰近的莫杜島連接了起來。見此情形，兩個島的居民紛紛沿著海底的平坦大道，來到對岸，互相問候。孩子們也奔跑嬉戲，在路上的小水窪中拾海鮮。

20分鐘後，海水返回，波濤一浪高過一浪，海底大道越來越窄。最後海水從兩側完全合攏，海峽茫茫一片，一切如舊。這片海水從退去到復原，全過程約持續31小時10分鐘，當地居民因此而大亨其樂。後來，小偉才知道，這種海上奇觀的出現是由於獨特的潮汐作用引起的。

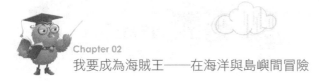
1975年，法國駐韓國大使皮埃爾·蘭德來島上考察，剛好遇到「海路」出現，他目睹奇觀，感歎說：「這真是韓國版的『摩西奇蹟』！」

原來，在《聖經》中有這樣一段關於摩西的記載：摩西遭遇了兇險，在前有紅海阻擋、後有追兵逼近的生死關頭，上帝吩咐摩西向大海揮動神杖，結果海水分開，摩西化險為夷。回國後，法國大使皮埃爾·蘭德在報上發表了觀感，於是，韓國版「摩西奇蹟」的名聲便遠播世界，為珍島帶來了越來越多的遊客。

連結放大鏡：
航海與潮汐的關係

與潮汐關係最密切的，莫過於航海了。在淺水海灣，稍大一些的船隻要在漲潮時才能進進出出。順著潮流航行時，船隻在順水中行走，變得快速輕捷，消耗的能量也極少。逆著潮流航行時，船的速度就要緩慢得多，能源也耗費得多。

難怪在港口碼頭定期發運的船隻開船的時間，不能像火車一樣規定得死死板板的，而是每天要延後一些時間，因為漲潮的時間每天在延後。

塞特斯島是怎樣誕生的

　　明明一直都有這麼一個困惑的問題：世界上的島嶼到底有沒有年齡呢？有一天，他實在是按捺不住了，就跑去問地理老師。聽到他的這個問題後，老師說：「世上有千千萬萬的島嶼，這些島嶼幾乎在人類誕生之時，就早已存在，人類也無從判定它們的年齡。但有個名叫塞特斯的島，人們卻能準確地判定它的年齡，並且記住它的生日，它就誕生於1963年11月14日的早晨7時30分。」

　　「那麼，老師，人們是怎麼知道這個小島的年齡的呢？」明明十分好奇地問。

　　「這可有個故事了。1963年11月14日早晨7時30分，一艘漁船正在冰島附近的海面航行，突然，船長發現船在腳下晃動起來，隨著有一股特別的氣味撲鼻而來，一縷黑煙嫋嫋上升。前方一座火山開始噴發，大西洋灰茫茫的海面上裂開了一個大洞，灼熱的熔岩、火光和煙塵從海底的岩石裂隙中噴射出來。海底火山在第二天就冒出海面10公尺，4天後，已高出海面60公尺了。煙塵和火光直衝雲霄，灼熱的岩漿飛上天空又墜入海裡。海水在沸騰，天空

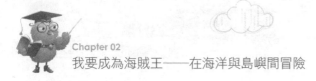
異彩生輝。塞特斯島就這樣誕生，並開始慢慢長大了。」

「哦！原來是這樣呀！謝謝老師了！」明明聽後感覺很有趣，並且如釋重負。

歷史上塞特斯島不斷地在升高，直到1967年6月才平靜下來。現在它高出海平面175公尺，島長2000餘公尺。各種生物也進駐到島上，種子越過重洋到這裡發芽，繁茂的植物生長起來，鳥類也飛來棲息。它就如同一個世外桃源，不斷吸引著各方遊客來此遊玩欣賞。

連結放大鏡：

火山燈塔

在中美洲的薩爾瓦多，有一座世界著名的活火山——依薩爾科火山，它高1885公尺。自200多年前開始噴發以來，每隔2~10分鐘便噴發一次，從未間斷過。火山噴發時，先產生一陣震動，然後火山口出現煙雲，隨之大量氣體、熔岩和火山灰直衝藍天，形成高達300公尺的圓柱形，其頂部在空氣中逐漸模糊，形成巨大的蘑菇帽。這一自然奇觀對於航行在中美洲海岸附近的船隻來說，是一個獨特的天然信號塔，船員們從很遠的地方就能見到它，便將它稱為「火山燈塔」。

催人長高的巨人島

聽說，從1948年起，10年左右的時間內，加勒比海上的馬提尼克島上出現了一種令人們疑惑不解的奇異現象：所有成年人的身材就像施過肥的麥苗一樣不斷的往上直竄，島上的人一般都在一米八、一米九左右，還有很多人在兩米以上，十幾歲的少年都比島外的一般成年人高出「一個頭」。

更為奇特的是，不光是本地土著居民會長高，即使是從外地來的成年人，只要在島上居住一段時間後，也會長高幾公分。於是，一位記者來到了這裡，他想實現自己長高的夢想。

剛一踏上這個小島，他流覽了一下該島，感覺來到這裡，好像進入了童話中的巨人世界，島上的居民當中，男人們2米多，十幾歲的男孩都比島外的普通成年人高，他在居民們的眼裡，好像是從小人國來的，人們都圍著他用驚奇的目光向下看，好像他是立在地上的一個玩偶。

後來，為了對「巨人島」進行科學考察，64歲的法國科學家格萊華博士和57歲的理連博士，開始在島上居住下

來。他們在島上生活了兩年後，發現他們的身高分別增長了2寸半和2寸。此後，年近花甲的英國旅行家派克夫人也來到這，她在該島旅居一個月後，也意外地發現自己的身高增加了3公分。

不僅如此，更讓科學家感興趣的是，在這個馬提尼島上，不僅人會長高，島上的動物、植物和昆蟲的增長也比較迅速。從1948年起，大約10年的時間裡，這個島上的蒼蠅、螞蟻、甲蟲、蜥蜴和蛇等都比通常增長了約8倍。特別是島上的老鼠，竟然長得像貓一樣大。

為了揭開此「巨人島」的謎，許多科學家千里跋涉，來到該島長期進行探測和考察，提出了多種假說和猜測。有些人認為，在1948年，可能有一隻飛碟或是其他天外來物墜落在該島的比利山區，使該島生物迅速增長的一種性質不明的輻射光，就來自一個埋藏在該島比利山區地下的飛碟或其他天外來物的殘骸。但一些科學家對上述說法持懷疑和否定態度，因為世界上究竟有沒有飛碟或其他天外來物，到目前為止仍然是一個難以解答的大謎。一些科學家認為，該島蘊藏著某種放射性礦藏——正是這種放射性物質使生物機能發生特異變化，因而「催高」了身體。

不過，這種放射性物質究竟是什麼，科學家們至今都沒弄明白。

近幾年，一些科學家又發表了新的觀點。他們認為，這裡地心引力小是催人長高的原因。因為，俄羅斯兩名宇航員在「禮炮擊號」聯盟號軌道複合體居留半年之後，每人身高都增加了3公分，就是失重和引力減少的結果。

遺憾的是，上面的幾種說法都缺乏一定的依據，不足以使人信服。

眼界大開：
平均身高最高的國家

目前，荷蘭是世界上平均身高最高的國家。荷蘭男性平均身高184公分，而女性的平均身高也達到了170公分。專家說，荷蘭人還會繼續長高。荷蘭人不斷長高得益於他們平時食用高蛋白類食品以及普及全國的公共健康服務。

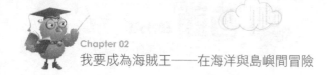

世上的海底村莊

　　1912年，西歐一些國家的科學家試圖透過試驗證明，人類完全可以像魚類一樣長期在海底下生活，提議建立海底村莊。於是，那年的6月20日，一位名叫科斯塔的蘇丹人自告奮勇參加實驗。他帶領了一群愛冒險的同伴，志願「喬遷」至海底生活，並出任該村村長。由於海底的海水壓力非常大，他們就將這些海底建築物的結構設計得相當獨特。他們讓屋頂都呈圓錐狀，以便分散水的壓力，所有橫樑和支柱全是特種鋼管。房間的佈局均呈放射狀，廳居中，臥室圍繞著四周，空氣、淡水等均透過特種鋼管從海面送來。而且，室內設備越來越現代化，不僅有電燈、電話，還有閉路電視和空調。現在這個罕見的海底村莊已擁有20多戶人家，50多名居民。

　　除了故事中的人工化的現代海底村莊外，在我國還有一座古代的自然海底村莊。這個海底村莊位於瓊山市東寨港至文昌市鋪前鎮一帶的海灣海底，是明萬曆年間(1605年)一次大地震造成的陸陷成海的災難所致。當時約100多平方公里陸地，共72個村莊緩慢下沉，垂直下降入海約

3~4公尺，為世所罕見。每年5、6月，海水退潮時，乘船遊覽，依稀可見海中村莊廢墟。

其中一座雕工精細、四柱三孔的「貞節牌坊」巍然屹立於水中，還有一座水底中的古戲臺讓人觸目，可真是滄海桑田，古貌猶存，讓你領略到大自然神祕的變遷。

眼界大開：
海底生存

2007年4月5日至18日，一名叫勞埃德的年輕人在位於澳大利亞維多利亞和新南威爾士兩州交界處的一個湖底生活了兩周。勞埃德所用的潛水屋是一個小型貨櫃大小的密封艙。在潛水屋裡面，勞埃德將尿液回收，灌溉藻類，利用人工照明來促進藻類的光合作用，然後利用氣體交換的生物環，將藻類呼吸產生的氧氣用於呼吸。勞埃德所用的電力來自於再生資源，以及自己在艙內騎腳踏車產生的電力。這些電力用於照明、並為筆記型電腦充電。

綠色的大陸

　　格陵蘭島地屬丹麥，是世界上最大的島，位於北極海和大西洋之間，有約4/5的地區都在北極圈以內。由於格陵蘭島在地理緯度上屬於高緯度，所以氣候終年嚴寒，冰雪茫茫，全年的氣溫都在0℃以下，有的地方最冷可達到零下70℃。

　　格陵蘭的字面意思為「綠色的土地」（Greenland）。這塊千里冰凍、銀裝素裹的陸地為何享有這般春意盎然的芳名呢？相傳在西元982年，有一個挪威海盜划著小船從冰島出發，打算遠渡重洋。他來到格陵蘭島南部時，發現了一塊不到一公里的水草地，綠油油的，十分惹人喜愛。

　　回到家鄉以後，他驕傲地對朋友們說：「我不但平安地回來了，還發現了一塊綠色的大陸！」

　　於是「格陵蘭」（英語「綠色的大陸」的音譯）就成為它永久的稱呼。格陵蘭島上有高聳的山脈、龐大的藍綠色冰山、壯麗的峽灣和貧瘠裸露的岩石。

　　全島85%的地面覆蓋著冰川與冰山，千姿百態的冰山與冰川成為格陵蘭島上的奇景。在格陵蘭島上，還盛產一

種「萬年冰」，即含有大量氣泡的冰塊，這種冰既潔淨，純度又高，是一種非常好的冷飲劑。如果將這種冰塊放進水裡，就會發出持續的爆裂聲。在嚴熱的夏日喝上一口「萬年冰」真是一種難得的享受。

格陵蘭島有著十分豐富的自然資源，僅其東北部就蘊藏著310億桶的石油儲備。格陵蘭島的鉛、鋅和冰晶石等礦藏具有很高的經濟價值，此外還勘探到了相當多的銅礦、金礦等，但是氣候和生態方面的條件嚴重限制了島上礦產資源的開採。

格陵蘭島屬於高緯度地區，會出現極地特有的極晝和極夜現象。每到冬季，這裡便會出現持續數個月的極夜，空中偶爾會出現色彩絢麗的北極光；而到了夏季，這裡則是24小時的白晝，因而格陵蘭島也被稱為「日不落島」。

連結放大鏡：

格陵蘭島上的動物

格陵蘭島大部分位於北極圈以北，因此在漫長的冬季裡看不見太陽。但是到了夏季，格陵蘭島就會迎來大量來此繁殖的鳥類，充分利用24小時的日照。

雖然許多鳥類來格陵蘭島只是為了繁殖，到冬季來臨

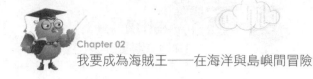

後又飛向南方,但也有些鳥全年都駐足於此,其中包括雷鳥和小雪巫鳥。

　　格陵蘭島也是世界最大的食肉動物──北極熊的家園,此外還有狼、北極狐、北極兔、馴鹿和旅鼠等動物。格陵蘭島北部有大批麝牛,其極厚的外皮保護它們免受冰冷的北極風凍害。在沿岸水域常見鯨和海豹,河流中則有鮭魚和鱒魚。

洋流助航的故事

　　一天，班上的「小搗蛋鬼」小翔向班上的地理小老師提出了一個難題：「哥倫布曾兩次到達過美洲，但所選擇的航線都有很大的不同。第二次他還繞了一大圈居然還少用了17天，你知道這是什麼原因嗎？」

　　小老師還著實被小翔這一問題難住了。於是他馬上查詢資料，他找到了有關哥倫布兩次到達美洲的資料，資料是這麼介紹的：

　　1492年8月3日，義大利航海家哥倫布在西班牙王后伊莎貝拉的支持下，率領由3艘船組成的船隊，從巴羅斯港出發，向西橫渡茫茫的大西洋，尋找通往印度的航線以掠奪東方的財富。經過37天的漫長航行，他到達了今天的巴哈馬群島，發現了一塊新大陸——美洲。

　　1493年哥倫布第二次去美洲，但這次他卻沒有按原路向西航行。而是順著西班牙和北非西海岸南下，接近赤道時才向西橫渡大西洋。但意外的是這次他只花了20天時間就順利到達了那裡。雖然，比上次多繞了一個大圈，可時間卻比第一次少用了17天，但這究竟是怎麼回事呢？地理

小老師敲破了頭都沒想出來。但他又不能讓小翔小看他。於是，他將這個問題帶到家中，向爸爸請教，後來，他終於得到了答案。

原來，故事中的情況跟海洋表層大規模的海水運動——洋流有著密切的關係。海洋表層海水常年受盛行風的影響，推動海水隨風漂流形成洋流。洋流對航海業的影響是顯而易見的。

輪船順著洋流航行，速度比逆著洋流航行要快得多。哥倫布第一次去美洲是逆著北大西洋暖流航行的，逆風逆流，一路艱辛，花的時間自然比較長。而第二次去美洲是順著加那利寒流和北赤道暖流航行的，順風順流，一路輕鬆，因此，時間就會縮短很多。

在船隻高度機械化的今天，若能熟悉和掌握洋流運動規律，仍有很大的好處，它既節約時間、節約燃料，又可減少事故。所以，現在很多國家的航運公司都認真研究洋流的運動規律，並盡可能利用洋流助航。如美國愛友松公司聘請海洋氣象局透過人造衛星測得墨西哥灣暖流的路線、流速、主軸位置等。

該公司的輪船根據所獲資料，在墨西哥灣暖流最大的流速區順流向北航行，返航時則避開主流區，儘量靠近海岸南下。結果，1975年該公司的六艘海輪全年節約燃料

12500多桶，折合36萬美元。之後，該公司一直利用這條航線航行，並取得了巨大的經濟效益。

連結放大鏡：
鄭和利用洋流助航

我國歷史上的偉大航海家鄭和早在哥倫布遠洋航行半個多世紀以前，就開始利用洋流助航了。1405~1433年，鄭和的七次下西洋，充分利用了北印度洋季風環流為其助航。他們在冬季出發向西航行，此時北印度洋上吹的是東北季風，在東北季風吹拂下，海水從東向西流，沿途順風順流，半年後進入夏季，北印度洋上改吹西南季風，在西南季風吹拂下，海水從西向東流，這時他們開始返回，一路還是順風順流。

巴拿馬海峽是怎樣建成的

　　「北美洲」和「南美洲」兩姐妹手拉手共同構成了美洲，而那個拉手的地方就是中美洲。中美洲有一塊狹窄而細長的小土地，那就是「巴拿馬地峽」。

　　巴拿馬地峽隔斷了太平洋和大西洋。雖然從地圖上看，太平洋和大西洋看上去「近在咫尺」，但對於兩大洋上的船隻來說，卻是「遠在天涯」，因為北美洲被冰雪覆蓋，船隻無法通行，只有繞過美洲的最南端，航行幾千英里才能到達對方的大洋。交通如此不便，人們很希望能有一條捷徑。於是人們想到在巴拿馬地峽上開鑿運河。

　　從地圖上看巴拿馬地峽很狹窄，似乎只要用剪刀剪一剪或用小刀刻一刻就行了。不過，在現實中，巴拿馬地峽兩端的距離卻有30多英里，而且那裡分佈許多山脈，這給開鑿運河帶來很大的困難。有些人甚至想利用地震的自然力量將巴拿馬地峽震開一條運河，但地震似乎很不配合，帶來的也只有災難。

　　最後人開鑿的運河的工程被一家法國公司承包下來。可是沒多長時間，法國的這家公司因為耗資太大、工程緩

慢、人員的損傷等原因放棄了開鑿運河。

　　這家法國公司的人員之所以有損傷，不僅是因為工程中的意外事故，更多的是因為那裡的自然條件似乎只適合當地的印第安人和黑人居住。白人在那裡則很容易生病發燒，最後死去。後來美國從小國巴拿馬永久性租用了一塊長達10英里的土地。這塊地方剛好位於巴拿馬地峽，於是人們索性叫它「運河區」。

　　在開鑿運河之前，美國人說：「想要適合白人居住，一定要先改變當地的環境，否則派再多的人過去都會病死。」於是，美國派了一名醫術高明的醫生前往運河區調查白人得病的原因，並相應改善當地的環境。經過反覆調查，醫生發現罪魁禍首竟然只是小小的蚊子。

　　原來那裡的蚊子分為兩種，一種是城市蚊子，一種是鄉村蚊子。鄉村蚊子能傳播瘧疾等疾病，而城市蚊子能傳播一種叫黃熱病的疾病，得上這種病的病人會出現黃疸伴隨發熱。這也是為什麼這種病會被稱為「黃熱病」。我們平時被蚊子咬了之後，只會起一個小包，發點癢了，但是被巴拿馬城市蚊子咬過的人就會患上黃熱病，而一旦得上這種病，幾乎沒有人能不活下來。

　　醫生找到了人們得病的原因後，決心消滅蚊子。蚊子被消滅之後，人們還清理了濕地等蚊子大量繁殖的地方，

改變了蚊子滋生的自然環境，從而徹底改變了運河區的生活環境。

　　環境得到改善後，美國人才開始動工開鑿運河。運河順利開鑿後，巴拿馬首任衛生官在寫給一位醫生的信中說：「是您的發現使巴拿馬在海峽上建造起運河。」

連結放大鏡：

巴拿馬運河

　　巴拿馬運河位於中美洲的巴拿馬，橫穿巴拿馬地峽，連接太平洋和大西洋，是僅次於中國大陸京杭大運河的世界第二長運河，同時也是重要的航運要道，被譽為「世界七大工程奇蹟之一」和「世界橋樑」。

　　巴拿馬運河是世界上最具有戰略意義的兩條人工水道之一（另一條為蘇伊士運河）。在它沒有修建以前，行駛於美國東西海岸之間的船隻只能繞道從南美洲的合恩角往來，而巴拿馬運河通航以後，船隻能夠縮短約15000千米的航程，節約了不少資源。

CHAPTER 03

瘋狂的石頭們——
走進奇石博物館

My first
Geography storybook

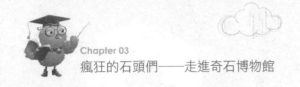

琥珀為什麼這樣珍貴

　　琥珀誕生於四千萬至六千萬年前，是珍貴的松樹脂在歷經地球岩層的高壓、高熱擠壓作用之後，產生質變而形成的化石。

　　琥珀屬於非晶質的有機物半寶石，玲瓏輕巧，觸感溫潤細緻。琥珀中常常有包裹物，如昆蟲、種子和其他外來物，都是松脂硬化以前捕獲的。

　　在古希臘的傳說中，太陽神阿波羅的兒子法伊頓私自駕太陽車而遇難，他的母親和妹妹聞訊後抱頭痛哭了四個月，最後妹妹變成了白楊樹，而她的眼淚變成了晶瑩的琥珀。

　　在北歐民間也有這樣的傳說：海的女兒一次在途中遺失了自己心愛的項鍊，她一路哭泣著回到家裡，淚水乾了，灑在海中的淚珠則變成了珍貴的琥珀。

　　正因為有了這些美麗的傳說，給琥珀這種珍貴的東西蒙上了更多神祕色彩，似乎琥珀不再是5000萬年前由松樹樹脂掩埋而形成的了，而是人類情感的凝結物。琥珀，在遠古時代就被人們視為珍寶。

　　西元前4世紀，希臘人譽之為「北部的黃金」。古羅馬尼祿時代，琥珀是昂貴的裝飾品。歐洲人將琥珀戴在身上，用於避邪。如今，琥珀仍是歐洲人的傳統寶石，與金銀一樣貴重。

　　在古代，琥珀被稱為「神藥」。傳說唐代大醫藥家孫思邈遠出行醫，途經河南西峽，遇一產婦暴死。在埋葬時，他見棺縫中滲出鮮血來，斷定此人可救，便叫死者家人急取琥珀粉灌服，又以紅花煙熏死者鼻孔。片刻，死者復甦。眾人皆稱他為神醫。

　　孫思邈道：「此乃神藥琥珀之功也。」中國大陸琥珀產地較多，其中以遼寧撫順、河南西峽最為著名。國外的琥珀產地主要有：俄羅斯、波蘭、德國等國。目前世界上最大的琥珀重15.25公斤，取名「緬甸琥珀」，是約翰‧查理斯‧鮑甯於1860年在中國大陸廣東買的，現珍藏於英國倫敦歷史博物館。

連結放大鏡：

化石是怎麼形成的

　　化石是動物或植物死亡後的殘體經過長時間而沒有腐爛，數年後成為地殼的一部分。化石包括有機體在沉積岩

中的印模，及其生存時留下的痕跡(稱為遺跡化石)。

　　化石的作用非常大，它可以幫助科學家鑒定地層年代，瞭解古代海陸的分佈和古代氣候的演變。

　　同時，地球上的生物進化是從低等向高等發展的，研究它們的化石，可以給生物學的生物進化研究提供珍貴的佐證。

神農架的奇石會奏樂

　　湖北神農架林區所轄的朝陽鄉西坡村有一塊形狀如同一根粗柱的奇石，它就聳立於山坡之上，人們稱它為石柱子。這根石柱子可神奇了。7月的一天，一個村民上山打柴路過此地，也許是有點累了，他便停下來，並靠在石柱子上休息。可就在此時，他身邊開始不時傳來陣陣鑼鼓、嗩吶等樂器齊奏的聲響。他感到相當意外，於是開始搜尋聲音的來源。但放眼四周都不曾看到半個人影，到底是誰在這附近彈奏這些樂器呢？聲響這麼大，應該就在這附近，但附近真的一個人也沒有啊！正在他感到疑惑不解時，他卻驚奇地發現，原來聲響是從石柱的石縫中發出的。

　　很久以來，西坡村的村民們一直都把這根石柱子尊為「神石」。人們寧可上遠山打柴，也不願意動石柱旁邊的柴草一根。直至如今，人們雖不相信有什麼「神靈」，但對「神石」之奇卻依然疑惑不解。

　　在美國加利福尼亞州有一片寬廣無邊的沙漠，也有一塊類似這樣的石頭，人們稱其為「音樂石」。

　　每當夜晚來臨，皓月當空，居住在附近的印第安人，

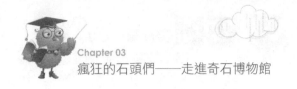
不論男女老少，都喜歡聚集在音樂石旁，燃起熊熊篝火，唱歌跳舞，享受人間歡樂。那些年輕的小夥子和姑娘們，則成雙搭對地依偎在岩石上，一面談情說愛，一面欣賞巨石發出的引人入勝的奇妙音樂，煞是有趣。

巨石何以能發出美妙的音樂呢？據專家考察，原來這塊巨石有許多相連相通的孔洞，當人們燃起篝火時，那滾滾煙火一會兒被這些孔洞吸進，一會兒又被排出，一進一出，便發出了節奏不同的樂曲。

連結放大鏡：

神農架

神農架位於湖北省西北部神農架林區境內，相傳上古時代神農氏（炎帝）曾在此遍嘗百草，為民除病。由於千峰陡峭，珍貴藥草生長在高峰絕壁之上，神農氏就伐木搭架而上，採得藥草，救活百姓，神農架因此而得名。神農架最高的三座山峰分別被命名為神農頂、大神農架和小神農架。最高峰神農頂海拔3105.4公尺，最低處海拔398公尺，平均海拔1700公尺，3000公尺以上的山峰有6座，被譽為「華中屋脊」。

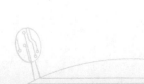

蛤蟆石是怎樣形成的

在江西廬山白石嘴鄱陽湖邊，有塊有名的蛤蟆石。這塊石頭高約16公尺，長寬各12公尺。它面向鄱陽湖，背朝廬山，上大下小，背部微彎，頭向上，宛如一隻罕見的大蛤蟆，正昂著頭鼓氣大叫。

奇怪的是，這隻蛤蟆對面的一個村莊，一直很窮；而背後的村莊，經過全村的努力，村民們比較富裕。前村村民一致認為是這隻蛤蟆害了他們。它張大口吞進了他們的糧食和財富，又從尾部拉出來，養肥了後村。於是前村的村民們決定，要炸掉蛤蟆石。而後村村民則把蛤蟆石當作庇護他們的財神，不准炸。一方要炸，一方不准炸。為此，兩村村民經常發生械鬥。

不幸的事終於發生了，在一個漆黑的夜晚，蛤蟆石的頭部被偷偷地炸掉了。

這件事引起了有關人員的關注，他們對這蛤蟆石進行了一番研究。待結果出來後，他們告訴兩村的村民這樣一個科學的事實：其實，這塊蛤蟆石並不是什麼「神石」，更不是兩村貧富的根源，它是由古代冰川運動造成的，也

是廬山第四紀冰川存在的有力證據。

據說，第四紀冰川時期，廬山被巨大的冰川所覆蓋。冰川在重力作用下，挾帶大量的碎石，緩慢向下運動，產生巨大的刨蝕作用。冰川流動過程中在鄱陽湖濱遇到了一塊大石頭的阻擋，由於其勢不可擋，從這石頭上翻了過去，經過冰川刨蝕過的石頭背面逐漸變成了微微變曲的蛤蟆背。神奇的蛤蟆石就這樣形成了。

連結放大鏡：

廬山

廬山位於江西省九江市，緊臨鄱陽湖和長江，「一山飛峙大江邊，躍上蔥蘢四百旋」，廬山海拔1474公尺，山體面積280平方公里，以雄、奇、險、秀聞名。

1982年中國大陸國務院批准廬山為國家重點風景名勝區，1996年冬聯合國批准廬山為「世界文化景觀」，列入《世界遺產名錄》。

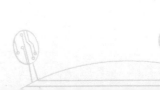

遇水顯字的奇石

　　暑假的一天，張楊和爸爸媽媽在黃山旅遊，他們見到了黃山奇形怪狀的石頭。為此張楊感到十分好奇，並問爸爸媽媽，世上的石頭怎麼會這麼怪。媽媽對他說：「其實世界上的石頭還不只有形狀的怪，有的還神奇無比。」

　　「您知道有什麼神奇的石頭呢？」張楊急忙問媽媽。

　　「我知道有這麼一塊遇水就顯字的石頭。據說呀，在內蒙古東部科爾沁草原上有一座名叫『畢其格台哈達』(漢語的意思是『有字的山』)的石山，山腳下有一條汩汩流淌的清泉。一天，有個人在此休息，無意間他用泉水把山石壁塗濕了，可就在這時出現了令人吃驚的一幕：石壁上出現了字跡。但待水乾，字跡也就隨即消失了。」

　　「這是為什麼呢？」張楊不解地問。

　　「這山石壁上顯現的字體非常奇特，至今還無人能夠破譯。而奇石上的文字始於何年何月，為何人所寫，也難以考證。」

　　「只是在當地流傳著這樣一個關於奇石的傳說。傳說中，在很久很久以前，當地一位獵人在這裡打傷了一隻狐

狸。當他追趕這隻狐狸到山頂時，不慎墜落懸崖，摔入山下泉水中。獵人醒來後，發現那隻狐狸正用舌頭蘸著泉水為他舔洗傷口。獵人悔恨交加，便用箭蘸水，在石壁上寫下了懺悔之語。很多年以後，人們發現了這座石山上的字跡，便稱它為『畢其格台哈達』。」

「當然，這只是展現人們美好想像力的傳說，並不足為信，更無絲毫科學參考價值。」媽媽一口氣向他講述了這麼多。

「哇，您好厲害，我實在太崇拜您的學識了。」緊接著，張楊誇了媽媽一句，聽得媽媽心花怒放的，甭提有多高興了。

眼界大開：

神奇的石壁

四川省仁壽縣境內的黑龍灘風景區有一處岩壁，中間刻有石龍和佛像，兩側岩壁光潔如新，了無痕跡，若有人潑水其上，右側立顯一行行楷書大字，而左側顯示一幅功力深厚的墨竹畫。隨著水汽的消失，字畫也就隱沒，石壁上並無墨蹟與刻痕。這一奇蹟歷時900多年而不得其解。

在內蒙古東部科爾沁草原的「有字的山」腳下一泉水

石壁上，用泉水一潑，便會出現字跡，待水乾了，字跡也就消失了。這些字跡十分古怪，如同用大毛筆書寫，字類似蒙、藏文，有的橫行，有的豎行。它是何時何人書寫，是怎麼寫上去的，至今無從考究。

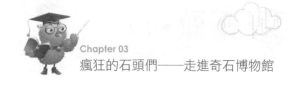
巨石學做變色龍

　　在澳大利亞中部阿利斯西南的茫茫沙漠中，巍然屹立著一塊世界上罕見的嶙峋怪石，當地居民自古以來稱之為「愛也斯」，它周長約8公里，高達348公尺，曾有人估算過，僅它露出在地面上的部分，就重約幾億噸。它很像古代神話傳說中「自天而降」的巨人，表現出一副凜然不可侵犯的威武神態。

　　更為奇特的是，它每天很有規律地改變自己的顏色——旭日東昇時，呈棕色；中午時，呈灰藍色；夕陽西沉時，驀然變成鮮豔的紅色。古代當地居民把它當作天然的「標準時鐘」，根據它的顏色變換來準確地掌握每天的時候，安排生活和農事，從未發生差誤。隨著陽光照射的變化，它往往會給人以各種幻覺，各種景物變幻無窮，絢麗多姿，構成奇妙的景象。

　　從古至今，愛也斯怪石吸引著千千萬萬的遊客。許多人從國外千里跋涉，來到怪石旁遊覽，愛慕和讚歎不已，遊後遐想聯翩，有的賦詩著文，抒寫情懷。來自世界各地的許多考古學家和地質學家對怪石的興趣更加強烈，他們

對怪石每天變換顏色的原因做過各種探究和猜想。

　　有些學者認為，這是由於沙漠地勢平坦，天空終日無雲，而怪石表面頗光滑，它好像一面鏡子，對太陽光線的反射力較強，反映著從清晨到傍晚天際顏色的變化，因而它在不同的時間呈現出不同的顏色。但一些人認為，上述解釋還不夠全面，難以令人信服，怪石還有一些奧祕尚未揭開。

會開花的石頭

　　在泰山腳下有一個石文化陳列館，館內陳列著一塊自然奇石，這塊石頭竟能開出花來。

　　這塊石頭高約30到40公分，形狀好像昂著頭的海豹，石頭表面有鼓出的密密麻麻的白色的「花蕾」，這些「花蕾」過沒幾天便依次開出一朵朵褐紅色的小花，花朵直徑0.5到2公分不等。花謝後，花花相連，便形成一層新的石頭。

　　據泰山管委會負責人介紹，這塊奇石是山東省新泰市宮裡鎮王周祥老人幾年前從村南山坡上撿回的自然青石，後隨手放在家內牆邊。不久，王周祥發現，這塊石頭不僅

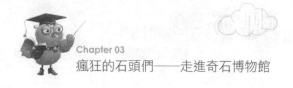

會開花而且在長高。消息傳來，周圍許多農民到王家爭看
這一奇觀。為保護這塊自然奇石不遭破壞，王周祥老先生
專程把它送到泰山石文化陳列館陳列。

　　這塊石頭3年長了近6公分，地質部門有關人士初步
鑒定認為，青石開花可能是石灰岩驟遇空氣水分發生分解
而產生的。

預測天氣的「氣象石」

　　1988年的某一天，在川鄂交界的四川省石柱縣馬武鄉安田村，有幾位土家族農民來到一塊石頭上歇息聊天。聊著聊著，他們突然發現，這塊剛剛還是乾燥的石頭變得濕潤了。自此之後，他們開始密切關注這塊石頭，一段時間後，他們發現這塊石頭變乾變濕，與天氣變化極為密切；當水珠彙集於該石表面的某一方時，預示那一方將要下雨；當水珠彙集於石頭中部時，預示當地即將下陣雨；當水珠佈滿石頭整個表面時，就預示著將要下大雨。更神奇的是，每當石頭表面潮濕變黑時，即預示著陰雨連綿的天氣來臨；每當石頭表面由潮濕轉乾發白，就告訴人們久雨不晴的天氣很快要結束，同時陰見晴的天氣即將來臨；如當石頭冒蒸氣則是多雲有霧、氣溫下降的預兆。這可真是一顆能預告天氣的「氣象石」。

　　當時的馬武鄉地處溝壑縱橫的土家山區，交通閉塞，經濟文化相當落後，長期以來，農民們都只能以土法識天氣。有了這塊神奇的「氣象石」，幫了他們不少的忙。

　　有些石頭，在大雨來臨之前有回潮的現象。但像這樣

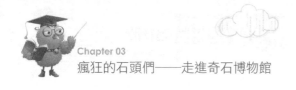

能準確預告方圓20公里天氣變化情況，並且還變化多端的石頭，有關專家一致認為這還是一個令人感興趣的謎。

此外，在浙江省天臺縣蒼南鄉下的一所小學內，也有一塊與眾不同的能預報天氣的石頭。這塊石頭平日裡是乾燥中帶白色，每當天氣轉陰前，石頭的四邊逐漸轉濕，等濕到中間部位，近日必有小雨；如果石頭渾身「冒汗」，則必將下大雨；若石頭的濕度慢慢地從中間向四周消退、變乾，成了乾燥帶白的石頭，那麼天氣必將轉晴。多年來一直都這樣，因此被當地的人們稱為「氣象石」。

眼界大開：

氣象樹

在大陸延慶縣矽化木國家地質公園內西店村於尊合老先生家門前有一棵相貌奇特的老樹，每逢下雨前兩三天，這棵樹就開出粉白色的花。如果出現這種情況，哪怕是豔陽高照，不過幾天，這個地區肯定下雨。村裡人親切地稱它為「氣象樹」。這棵樹的外貌遠看像松樹、柏樹，近看像竹子、蒿子，奇怪的是它似松無針、似柏無葉、似竹無節、似蒿無籽，讓人大開眼界。它有65年樹齡了，至今直徑仍只有30多公分。

石怪公園探祕

聽說在義大利的羅馬市北部有一條極為神祕的恐怖山谷，去過那條山谷的人，一進入谷中，便覺得陰風淒淒。

四周的砂岩經過長期的風化，形成千奇百怪的模樣，有些像地底下鐘乳石洞裡的鐘乳石，但它的縫隙窟窿卻非常多。

尖厲的風鑽入石窟窿中，發出令人毛骨悚然的怪叫聲，如鬼哭狼嚎一般。進去的人常常會被嚇得失魂落魄。

這引起了許多人的興趣，義大利一個民間組織就帶頭組成了一個大型考察隊，決定對這個神祕山谷進行一次全面考察。

這支考察隊深入山谷腹地，終於在一處草木茂盛的荒灘上發現了一群奇怪的巨石。這些千姿百態的巨石怪物遍佈整個荒灘，宛如一座怪石公園。

當他們踏入這個石怪「公園」時，驚奇地發現：迎面便是一個似人非人、似怪非怪的龐然大物，滿臉堆笑，宛如石怪們的「迎客使者」。

在它後面是片叢林，只見昂立著一個頭如牛、眼如鈴

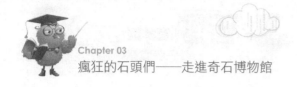

的神態猙獰的「巨無霸」。尤為有趣的是，「巨無霸」口中有一張精巧的小石桌，可供遊人休息歇足。

再往前走，是塊碧綠如茵的草地，一頭雄壯的母獅為了保護自己的幼獅，正全力與一條猛龍拼搏。

這組「龍獅大戰圖」極富動感，神態逼真，此外還有端莊秀麗的人魚公主、美麗慈祥的獅身天使等一大批賞心悅目的「石怪」。這裡所有的一切景象都讓考察隊員們大吃一驚。

但當時，考察隊員們又為這個新奇的發現而興奮無比，他們極想弄清這些怪石的來源。

根據當地的情況判斷，這些千奇百怪的石頭絕不是自然形成的，因為周圍盡是砂岩，這是一種極易風化剝蝕的岩石，而這些奇形怪狀的石頭卻是堅硬的花崗石。

可是當地方圓幾百里內幾乎沒有花崗石岩，那麼，它們來自何處呢？並且從這些怪石的造型來看，極像人們現在做的假山，但比人工假山更精巧、險峻，顯得千奇百怪。這更讓考察隊員們感到大惑不解。

後來，這支探險隊發現這個「石怪公園」的事實被公之於世，許多旅行家和探險家都趨之若鶩，爭著目睹這個神祕公園的風采。

但是，這個「石怪公園」建於何時？為何人所建？它

是像現代假山一樣用來供人欣賞還是另有別的特殊用途？
這些問題至今困惑著我們。

 連結放大鏡：
「唐山過臺灣」石雕園

　　「唐山過臺灣」石雕園是世界上最大的主題石雕公園
之一。這個石雕園規模宏大，水光山色，風景宜人，分為
四個區及閩台民俗館、丹岩景區、天女潭等人文與自然景
區。石雕園以花崗岩為主要材料，採用圓雕、浮雕、刻線
雕等各種手法。標誌性雕塑為「拓荒」，高18公尺、重
600多噸。浮雕1200平方公尺，雕刻人物500多個。

　　這些雕塑分佈於6座山頭，形成完整的故事，極有藝
術觀賞性。

飄然而起的巨石

　　在印度馬哈拉斯特拉邦一個村莊裡，有一座神奇的祠廟，蘇菲派教徒聖人卡瑪‧阿利‧達爾凡老先生的遺體就埋葬在這座祠廟裡。在祠廟門口有兩塊岩石，讓人不可思議的是，一天，有一個人經過此地，並叫喊著卡瑪‧阿利‧達爾凡的名字時，這兩塊岩石居然隨著叫喊聲飄然而起，他不停地叫著那名字，這兩塊石頭就不停地飄起。他的發現引起了當地人的注意。

　　之後，大家還發現這兩塊貼得很近的岩石，只許男人靠近，女人是不能接近它們的。兩塊岩石中，最大的一塊約重70公斤，另一塊稍輕一些。倘若想讓石頭升空，需要很多人用右手的手指指著岩石，同時異口同聲不間斷地呼喊著「卡瑪‧阿利‧達爾凡」，這時，岩石便會騰空而起，甚至可上升至約2公尺的高度，懸在空中，直到喊聲停止才會落回地面。如果大家不遵循這個步驟，那岩石只會飄起，而不會升起來。

　　據記載，這巨石的升空方法是達爾凡生前透露給人們的。800年前，聖祠所在地原是一座健身房，那兩塊巨石

是供摔跤手練習使用的。兒時的達爾凡經常光顧這裡，他常常顯示出自己過人的生命機能和超人的力氣。過了許多年，健身房拆除後，達爾凡這位伊斯蘭教徒對周圍的人說出了這樣的祕密：「那兩塊巨石任你們使出全身力氣也未必能舉起，除非你們重複叫我的名字。」他還告訴人們，用1根右手手指就可使那塊大的巨石升空，而那塊小的岩石只需用9根手指頭同樣也能使它升起。至於更多的祕密，達爾凡隻字未提。

眼界大開：

喊泉

湖南省新甯縣萬峰山腳下，有一個一喊便出水、不喊水斷流的岩洞。洞高8公尺，寬4公尺，洞口稍向內傾斜。洞內10公尺處有一石台，高約1.5公尺，石台連著洞壁。當人們在石台前大喊幾聲，或者是用物敲擊石壁時，約兩分鐘的時間，洞壁縫隙中便有碗口粗的清泉緩緩流出，持續5分鐘後漸小，然後斷流，如果再喊，泉流複出。這被人們稱為「喊泉」。

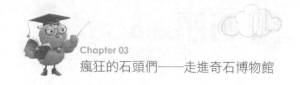
石頭為什麼蹦蹦跳

　　歷史上先後有很多人遭遇到了「頑皮石子」的攻擊，這些石子沒有一定的飛行軌跡，而且也絕不是小孩子亂扔的惡作劇。

　　荷蘭有個探險家在蘇門答臘島留宿時遇上這種怪事。他正在睡覺的時候，房間裡突然劈劈啪啪地落起了石子，他不信石子自己能穿過厚厚的屋頂掉落下來，還舉起槍朝天射擊，但石子依然高興地落個不停。天亮後，他觀察屋頂，竟連石子穿透的痕跡也沒有。

　　西非象牙海岸的人更慘一些。他們的村子裡有時候會不停地有石子亂飛，四面八方而來，連藏在屋子裡也躲避不了，這些石子已經打傷了好多人。當地人對這些石子一籌莫展、恐懼不堪。來到此處調查的學者發現這些亂飛的石子並不是流星隕石，而只是河床中的普通卵石，不知道它們為何會突然發怒，襲擊那些可憐的人。

　　關於這些到處亂飛的石子，很多專家學者已經進行了研究，他們相信這不是人為的惡作劇，而是一種意念的亂撞，可能跟年輕女孩子有關係，是她們生理與心理的異常

導致了周圍東西的亂飛亂撞。也有很多人懷疑這個觀點，無意識導致的物體亂動現象出現在某間屋子裡，人們或許還能接受，要說出現在一個村子裡，而且滿村亂竄，這似乎太不可思議了。

 眼界大開：

風動石

　　在福建東山島銅山古城東門海濱的懸崖峭壁之上有一塊奇石——風動石。石高4.73公尺，寬4.75公尺，長4.69公尺，斜立於一塊臥地盤山石上。古往今來，不知有多少遊客，或合力以雙手抱之，或運氣以兩足蹬之，都只能使它搖晃，而不致翻倒。如果找來瓦片置於石下，選擇適當位置，一個人就能把這碩大的奇石輕輕搖動起來。此時，瓦片「咯咯……」作響，須臾化為粉末，奇石搖動的軌跡就更明顯。令人百思不解的是，無形的風竟能使它搖晃。

　　更叫人稱奇的是，「七七事變」後，日軍陸、海、空部隊3次武裝血劫東山島，連風動石也不放過，動用軍艦把鋼索繫於石上，開足馬力企圖把奇石拉倒。突然，「咔、咔……」幾聲，鋼索斷成好幾截，日本鬼子的妄想也隨之斷了。

釋放毒氣的美麗石頭

　　世界上有很多千奇百怪的石頭，最奇怪的是，有的石頭竟然會釋放毒氣，這到底是怎麼回事呢？

　　1986年8月的一天，非洲馬里共和國的一支地質勘探隊前往境內的亞名山進行地質勘探。他們隨身攜帶著各種勘探儀器和工具，當他們歷盡千辛萬苦，好不容易爬到半山腰時，他們攜帶的雷達儀卻發出信號，顯示他們所在的地下有異常物體。

　　於是，他們拼命地挖掘，尋找這個所謂的異物。當挖到地下5公尺多深時，終於發現了一塊漂亮的大石頭。石頭上部為藍色，下部為金黃色，形狀就像個雞蛋，但它卻重達5噸左右。

　　這可真令地質勘探隊員們喜出望外，他們每個人都高興異常。可當他們正準備把這個大寶貝搬運到地質局去做進一步研究時，突然，挖掘石頭的6位隊員卻一個個發出呻吟，並且感覺手腳發麻、視力模糊。當即，其他隊員馬上把他們送往醫院。經醫生診斷，他們是中了毒氣。雖然醫護人員極力搶救，但是他們都因中毒過深而未能逃出死

神的魔掌。

　　這塊石頭怎麼會釋放出這麼毒的氣體令這6名地質勘探隊員致死呢？這令當時的地質勘探隊員們都感到很不解。

　　後來，經科學家們分析，他們才知道，原來岩漿從地下上升的過程中，常常會伴隨有大量的氣體，其中有一部分氣體是毒氣。

　　岩漿在凝結成岩石的過程中，氣體大都從岩石中揮發出去了，可是其中也有些氣體很難被揮發掉。這樣，不容易揮發的氣體，例如毒氣，就滯留在石頭中。勘探隊員們在挖掘的時候，石頭由於被移動而釋放出了毒氣，就使他們在不經意間中了毒。也正是因為這樣，這塊美麗的大石頭便成了著名的「馬里毒石」。

眼界大開：

日本殺生石

　　在日本櫪木縣那須鎮的山上也有一種毒石。昆蟲爬上這種石頭，飛鳥落到這種石頭上，很快就會死亡。這種能殺死生物的毒石，在當地叫做「殺生石」。

　　凡有殺生石的地方，人們都立一塊碑，上刻「殺生

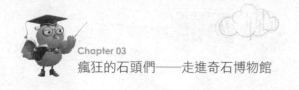

石」三字，提醒人們注意，切莫亂走。日本不只櫪木縣有
這種毒石，凡有火山和溫泉的地方，大半都有毒石。有些
寺廟還把它搬去，當神物安放。

那須鎮地處火山地帶，那些殺生石多在火山噴火口附
近，從火山口噴出的亞硫酸氣體和硫化氫以及其他有毒氣
體，浸熏了附近的石頭，使得普通的石塊變成了毒石。

CHAPTER 04

地球有個百寶箱──
自然的饋贈

My first
Geography storybook

巧用太陽退強敵

　　在古希臘愛琴海的納克索斯島上，居住著一群純樸、善良而又勤勞的人們。他們在一位德高望重的智者領導之下，日出而作，日落而息，過著十分安靜的生活。

　　某一個夏天，火紅的太陽剛從海面升起，島民們就在酋長的帶領下，莊嚴而神聖地向海神祭祀。祭祀完畢，壯年男子們就帶著族人的祝福和乾糧出海了。婦女、老人帶著小孩目送他們乘船遠去，直到消失在海平線上。

　　太陽漸漸升高了，天空沒有一絲雲彩，毒辣辣的太陽沒遮沒擋，像火一樣烘烤著地面，連海上吹來的風都熱烘烘的，讓人難受。由於他們都惦記著出海的人，所以不時地向海面張望。

　　午後，突然有人發現海平線上有許多小黑點，島民以為出海的人歸來了，但又覺得非常奇怪。因為平常他們都是太陽落山時才回來。

　　正當他們犯嘀咕的時候，小黑點漸漸變大了，船離他們越來越近，當他們能看清楚的時候，便引起了一片驚慌。因為，這些船隻比他們的漁船要大得多，船上坐滿了

衣著古怪的人，個個手裡拿著大刀和長矛，且足有1000多人。看來對他們不懷好意。

原來這是馬其頓王國的軍隊，他們遠征時走錯了航線，與大部隊失去了聯繫，這些人在海上已漂流了一天一夜，又累又餓的士兵發現了這個島，便決定掠奪島上的財物，來補充給養。

而善良的島民並不知道這一切，他們只覺得來者不善必須提高警覺，必要時還要採取強有力的措施。

那船隻離島幾百公尺時擱淺了。眼看島民在劫難逃，婦人驚慌不定，小孩嚇得號啕大哭，但這一切並沒有嚇倒聰明的酋長，他正在思量對策。突然，他眼前一亮，頓時有了主意。原來希臘之神教會了他們祖先取火的方法，祖輩把這種用銅鏡聚陽光來取火的方法傳給了他們。

酋長想：如果把各家的銅鏡都拿出來借這火熱的陽光，對著這些大船也許會使它們燃燒起來。想到這裡，他立刻號召島民把所有的銅鏡都搬出來。

不一會兒，上千面鏡子聚集在岸邊，酋長不慌不忙地指揮島民人手一面鏡子，首先把每面鏡子反射的陽光都對準最近的那艘大船。

轉眼工夫，大船就冒起了白煙，接著便燃起了熊熊大火，其他船上的士兵眼看這艘船突然著火，不知島上用了

什麼武器，只見岸上白花花的一片，嚇得他們趕緊掉轉船頭落荒而逃。

島民們望著落荒而逃的侵略者，頓時歡欣鼓舞，沉醉在一片勝利的喜悅中。

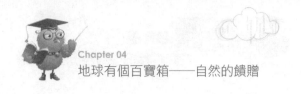

連結放大鏡：

太陽能的巨大威力

太陽光有著相當大的威力。據科學家估算，我們地球表面每秒鐘接受到的太陽能的總量，相當於燃燒550萬噸煤所產生的能量，由於太陽能在地面很分散地分佈，所以，人們經常利用聚光的原理，從而提高了太陽能的效用。

土地是孕育人類的母親

在中國的神話傳說中，創世女神女媧將黃土和成泥巴，仿照自己的模樣，捏成了泥人，女媧對著泥人吹了一口仙氣，泥人就有了生命，從此以後，世界上就有了人類繁衍。

土地是地殼表層長期演化形成的，是生命的溫床，人類的母親，我們生存以及生活都依賴土地。我們可以在土地上種植糧食，種植樹木，放養牛羊，等等。還可以在土地上蓋起高樓大廈，修建四通八達的道路。因此，土地資源對於人類來說，是最寶貴的物質資源。

按照地形分類，土地資源可分為高原、山地、丘陵、平原和盆地，每一種地形都可以被我們合理利用。例如，我們可以在高原放牧，這樣就有肉製品和乳製品；在山地發展林業，這樣就有木材；在丘陵種植果樹和茶葉，可豐富我們的生活物資；在平原、盆地宜發展耕作業，以獲取生活中所需的各種物產。

在不同地區和不同歷史時期的技術經濟條件下，人們對土地的開發利用程度是不一樣的。例如，在小農經濟的

歷史時期，人們對沼澤地束手無策，什麼也做不了。但在已具備治理和開發技術條件的今天，沼澤地卻成為一種可利用的農業土地資源。

土地資源是我們賴以生存的重要資源，因此，我們必須分外珍惜每一寸土地，不要肆意破壞它。一旦它遭到破壞，就很難再回到最初的樣子。

連結放大鏡：
土壤是怎麼形成的

土壤是岩石圈頂部經過漫長的物理風化、化學風化和生物風化作用的產物。土壤是由固體、液體和氣體三類物質組成的。固體物質包括土壤礦物質、有機質和微生物等。液體物質主要指土壤水分。氣體是存在於土壤孔隙中的空氣。它們互相聯繫，互相制約，為作物提供必需的生活條件，是土壤肥力的物質基礎。

石油是黑色的黃金

你知道石油是怎麼形成的嗎？

在漫長的地質年代，許多生物屍體沉積在海洋或者大湖泊底部，經過生物化學、熱催化以及熱裂解、高溫變質等地質作用以後，就變成了石油。

剛剛形成的石油是許多分散的油滴，隨著地下水流動。當流到四周全是密實岩層的地方時，石油就會聚集在那裡，不斷積累，這個地方就會形成油田。

我國是世界上最早發現和利用石油的國家之一。據史料記載，早在西元前3世紀，四川的勞動人民就已經學會用石油和天然氣作燃料烹煮、取暖和照明了。在古代，石油曾被稱為石漆、石脂水、猛火油、火油、石腦油、石燭等，而「石油」這個名稱是北宋科學家沈括提出來的。

沈括所著的《夢溪筆談》一書中詳細地記載了石油的開採及使用：西元1080年冬天，沈括巡察陝北二郎山時，看到當地居民冒著零下二三十度的低溫，在延河兩岸支起了一頂頂帳篷。帳篷內熱氣騰騰，上空黑煙繚繞，四周的積雪都已融化。出於好奇，他進了帳篷，發現人們正在從

地底下開採並燃燒一種黑色液體。這種液體黏稠似膠，燒起來火很旺，當地人稱為「石脂水」。

它是從哪裡來的呢？沈括懷著極大的興趣，考察了人們開採「石脂水」的情況。他看到這種黑色液體是從岩石縫裡溢出來的，便命名為「石油」。石油燃燒後積累的煙塵，沈括帶回去加工成墨，用來寫字作畫，竟發現該墨黑亮似漆，效果很好。沈括預言，石油必將在將來有更多的用途。確如沈括所預言的那樣，隨著石油被大規模開採，人類社會的物質文明發生了劃時代的飛躍。石油可以為人類提供巨大的能源，人們的衣食住行都離不開它：我們身穿的許多化纖織物就是從石油裡提煉出來的，日常使用的塑膠製品、燃油汽油、化肥、殺蟲劑等，絕大部分也是從石油中提煉出來的。

可以說，石油是一種黑色的黃金，具有極高的應用價值。不過，石油是不可再生資源，如果不加限制地開採，就極有可能隨時面臨枯竭的危險。

連結放大鏡：

世界油田集錦

世界上最大的油田是沙烏地阿拉伯的加瓦爾油田。世

界上已探明的儲量最大的、也是世界上最大的砂岩油田是科威特的布林甘油田。

　　世界上石油儲量最多的國家是沙烏地阿拉伯。世界上探井和生產井最多的國家是美國。世界上海拔最高的百萬噸級油田是中國大陸青海油田。

茫茫大地何處找石油

中國大陸的陸地面積約960萬平方公里，在這個廣闊的範圍內，油氣田只占極小極小一部分，要用鑽井的辦法在某一點上發現油氣田，真像大海撈針一樣。人們不禁要問，茫茫大地何處找石油？

早期的找油是從觀察出露到地表的油或氣(被稱為「油氣苗」)入手的，勘探隊員們在野外特別注意尋找和打聽工區內有沒有石油或冒氣泡的水泉，這是最直觀的找油方法，古今中外都一樣。

中國大陸的克拉瑪依油田因其附近有「黑油山」而引起人們注意，鑽探後發現的；獨山子油田則以含油氣的泥水長期溢流而成的「泥火山」著稱；玉門油田其旁有「石油溝」；延長油礦範圍內有多處油苗出露；四川最早利用氣井的自貢，也有不少氣苗可以點燃，古籍中也有記載；青海有些與「油」有關的地名如「油砂山」、「油泉子」等則是現代的石油隊員在勘查時以其油苗而給取的名。

在地面上沒有油氣出露的地區是怎麼找到油氣田的？譬如，從20世紀50年代末期以來，在中國大陸東部找到的

大慶、吉林、遼河、大港、華北、勝利乃至中原、河南等油田，都在草原、海灘、農田和沼澤之下，勘探隊員們從何下手呢？這就得憑藉科學理論的指導和先進技術方法的應用了。

50年代初期，著名地質學家李四光以他的「地質力學」理論致力於指導各種礦產的勘探，對於找油的方向，他認為中國大陸東部平原地區有一串近南北向的隱伏盆地(他稱之為「第二沉降帶」)，是大有希望的找油對象，北起東北的松遼盆地，南至渤海沿岸的京、津、冀、魯，都應該投入勘探工作量……在克拉瑪依油田發現不久，正當大力從事油田建設開發的時候，石油勘探隊伍已為「戰略東移」作了準備，1958年前後就進入了松遼和華北大地。大量的地震勘探查明了隱伏在平原下面的各盆地輪廓，鑽探工作才有了入手之點。

所以，從總體來說，找油的順序大致是：第一，要著眼於什麼地方有盆地，因為只有沉積盆地才有厚度巨大的沉積地層和能生油的豐富的有機質。在中國大陸陸地和海上大大小小的盆地已發現了373個，是尋找石油的廣闊天地。

第二，要在盆地中尋找生油凹陷，因為生油層在生油凹陷中最發育，是油氣的發源地。

第三，要在生油凹陷附近尋找主要的油氣聚集區，因為這個地區最靠近油源，是「近水樓臺先得月」的好地方。

第四，要在主要油氣聚集區內尋找圈閉，這是可能存在油氣藏的所在地。

第五，在圈閉的最高部位鑽第一口找油井，叫做預探井，目的是瞭解有無油氣的存在。

第六，在預探井發現油氣後，就要向外擴大布井範圍，鑽一些的詳探井，目的是瞭解含油氣的邊界，即解決油田的大小問題。

瞭解了油田的範圍以後則要按一定距離佈署生產井(或稱開發井)，將油田投入生產開發。一個油田就是這樣從大處著眼小處著手，不斷縮小範圍，最終被找出來的。因為地下情況複雜，再加上人們的認識能力有限，並沒有百分之百的把握獲得成功。預探井的成功率能達到30%以上，其成效就算很不錯的了。

連結放大鏡：
中國大陸的油田

中國大陸60%的原油產自東北，黑吉遼三省都有分

佈，華北地區也分佈著年產量在百萬噸級的油田。

主要的油田有：大慶油田、長慶油田、大港油田、華北油田、克拉瑪依油田、四川油田，等等。其中，位於黑龍江省西部、松嫩平原中部，地處哈爾濱、齊齊哈爾市之間的大慶油田是中國大陸第一大油田，南北長140公里，東西最寬處70公里，總面積5470平方公里。

煤炭最早是首飾

1275年，元世祖忽必烈當政期間，義大利商人馬可‧波羅來到中國大陸，他在中國大陸遊歷了17年，去了中國大陸好多地方，還在元朝廷當了官員。

後來，馬可‧波羅回到了自己的家鄉，他除了給自己的親人朋友帶了精美的絲綢瓷器之外，還將自己在中國大陸的所見所聞寫成《馬可‧波羅遊記》一書。在書中，他寫道：「中國大陸有一種黑石頭，能夠像木頭一樣熊熊燃燒。」馬可‧波羅所說的「黑石頭」，就是我們現在使用的煤。

煤炭是古代植物埋藏在地下經歷複雜的生物化學和物理化學變化後逐漸形成的固體可燃性礦物，是18世紀以來人類世界使用的主要能源之一。

中國大陸是世界上最早利用煤的國家。在瀋陽新樂古文化遺址（新石器時期遺址，距今約有18000～2000年）中，就發現了煤制的工藝品。的確是這樣，最早的時候，人們並不知道煤能夠燃燒，而只是把煤當成一種黑色的好看的石頭，把這種石頭雕刻成手環、項圈、手鐲等裝飾

品。那麼，是誰最早發現煤能夠燃燒的呢？

傳說皇帝有個孫女，名叫黑英。黑英有一個手鐲是用煤雕刻成的。一天，黑英在做飯的時候，不小心把煤鐲掉進了火堆裡。黑英來不及把煤鐲取出，撲的一聲，煤鐲全燒著了。大家都很納悶，煤鐲是用石頭做成的，怎麼會燃燒呢？

話說黑英自丟了心愛的手鐲之後，整日悶悶不樂，因為在當時，煤鐲是很貴重的首飾，跟現在的金玉首飾一樣。黃帝就派獵手胡巢和於則再為黑英找尋一些黑石頭來，再為黑英做一隻煤鐲。

胡巢和於則很順利地找到了黑石頭，還獵獲了一頭野豬。夜幕降臨的時候，胡巢和於則生起火堆，準備烤野豬肉來吃。

當晚風勢很大，胡巢和於則就把那幾塊黑石頭擋在火堆旁邊擋風。胡巢和於則吃肉心切，把火燒得很旺，一下子把火堆旁邊的黑石頭也燒著了。胡巢和於則回去跟黃帝做了彙報。黃帝跟眾人一起來到黑石頭燃燒的地方勘探，終於發現了黑石頭能夠燃燒的祕密。

後來，河南鞏義市也曾發現過西漢時用煤餅煉鐵的遺址。先秦時期稱煤為石涅，魏晉時改稱其為石墨或石炭。到了明代，李時珍在《本草綱目》一書中，首次使用煤這

一名稱。在國外，在西元前300年，希臘學者泰奧弗拉斯托斯就在其著作《石史》中記載了煤的性質和產地；而古羅馬則在約2000年前就已經開始用煤加熱了。

連結放大鏡：

煤炭是怎麼形成的

關於煤炭的形成，現在比較被全世界各國認可的是，煤炭是數億年前的生物遺體大量沉積，經過地質變化埋藏到地底下，產生化學反應，最終形成的。

在3.6億~2.8億年前，地球上的氣候如同現在的熱帶雨林一樣溫暖潮濕，在廣闊的，水汽繚繞的沼澤中生長著蕨類、木賊屬植物等，這個時候還沒有出現恐龍，沼澤地中的動物有巨型昆蟲蜻蜓和像鱷魚一樣大小的兩棲動物。茂盛的綠色植物生長、死亡，或者遭遇地震、地殼移動等等，大量地堆積在淺水中，經過上百萬年的時間，逐漸就形成了煤炭。現在也有溫暖、潮濕的森林，但它們要經歷百萬年之後才能形成煤，現在的成煤率幾乎為零。

不怕火燒的石頭衣服

地球上有一種用途很廣的非金屬礦藏——石棉。

石棉被稱為「能織布的石頭」。用石棉可以織石棉布，這種布神通廣大，不怕火燒，不怕酸鹼，還能隔音、隔熱、絕緣。

相傳，東漢時期，有一個梁將軍得到了一件「仙衣」。他穿上這件「仙衣」大宴賓客，故意碰翻了酒盞碗碟，「仙衣」上沾滿斑斑油漬。正當客人們為此惋惜時，梁大將軍叫家人拿出一盆熊熊烈火，說是以火洗衣。在客人們驚詫的目光下，這件「仙衣」被大火「洗」得乾乾淨淨，完整如新。這就是我國歷史上轟動一時的稀世之寶——「火洗布」。其實，它並不是什麼「仙衣」，而是用石棉布織成的衣服。

石棉是一種被廣泛應用於建材防火板的矽酸鹽類礦物纖維，也是唯一的天然礦物纖維，它具有良好的抗拉強度和良好的隔熱性與防腐蝕性，不易燃燒，故被廣泛應用。我國很早就發現並開始利用石棉，據記載，我國周代已能用石棉纖維做成衣服。因為石棉具有隔熱、保溫、耐酸、

絕緣、防腐等特性，現代科技領域也離不開這種特殊的天然材料，是重要的防火、絕緣和保溫材料。目前石棉製品或含有石棉的製品有近3000種，主要用於機械傳動、制動以及保溫、防火、隔熱、防腐、隔音、絕緣等方面，其中較為重要的是汽車、化工、電器設備、建築業等製造部門。但是，由於石棉纖維能引起石棉肺、胸膜間皮瘤等疾病，許多國家選擇了全面禁止使用這種危險性物質。

連結放大鏡：
石棉對人體的危害

　　石棉本身並無毒害，它的最大危害來自於它的纖維，這是一種非常細小，肉眼幾乎看不見的纖維，當這些細小的纖維被吸入人體內，就會附著並沉積在肺部，造成肺部疾病，如石棉肺，胸膜和腹膜的皮間瘤。這些肺部疾病往往會有很長的潛伏期(皮間瘤20～40年)。石棉已被國際癌症研究中心肯定為致癌物。

能吃的礦石

傳說，很久以前，中國大陸南方有一座天靈山，天靈山下住著一戶貧苦的人家。這戶人家的父母體弱多病，他們的兒子砍柴娃非常勤勞，對父母非常孝順。砍柴娃的爹娘死後，砍柴娃無錢安葬父母，就把父母合葬在天靈洞裡，自己在洞裡守孝三年。

砍柴娃仍然過著日夜操勞、缺衣少食的生活，一天，砍柴娃砍柴回來，發現山洞裡長出很多白花花的石頭，聞上去還有饅頭的香味。砍柴娃試著吃了一口，覺得非常可口，就大口大口地吃了起來。說來也奇怪，吃了好久，那些白色的石頭總不見少。從此，砍柴娃再也不用餓肚子了。

消息傳到了財主的耳中，財主認為這是一個神奇的「寶貝」，就帶領人上山奪寶。財主使用暴力逼著砍柴娃講出寶物的所在地。砍柴娃默不作聲，財主惱羞成怒，就下令在天靈洞附近掘地三尺。眼看就要挖到砍柴娃爹娘的墳墓了，突然間天空打了一個響雷，洞裡出現了一片片白色的石頭，看的財主眼都呆了。財主命令在出現石頭的地

方繼續挖掘，可惜挖了很久，都沒有挖出這件寶來。

傳說這種白色的石頭就是石膏，是砍柴娃的爹娘心疼兒子而變化出來的，因為裡面摻進了母親的乳汁，所以吃起來味道甜美。後來，天上的神仙見財主欺人太甚，就命令山神把這些白色的石頭埋在了地底下。

以上雖然是傳說故事，不足為信。但在真實生活中，石膏這種礦石的確是可以吃的。從古至今，人們做豆腐、熬中藥，很多場合都需要用到石膏。除此之外，石膏的用途非常廣泛。

天然石膏是一種半透明的晶體，它的主要成分是含水的硫酸鈣。石膏晶體很軟，用手指甲就可以刻動，所以又稱為軟石膏。失去結晶水的叫硬石膏。呈纖維狀的稱纖維石膏，具有絲一般的光澤。此外還有透石膏、雪花石膏、土狀石膏等。

建築工匠將石膏煅燒到170℃時得到灰泥石膏，用來塗抹天棚、木板等；燒到750℃後碾成粉末製成硬石膏，用來製作窗框、窗臺、牆簷等。

把石膏加熱到150℃，脫去結晶水而成為熟石膏。熟石膏粉末混入水後調成可塑性的漿狀物，是藝術家理想的雕塑材料。在這種漿狀物裡再加入凝膠、纖維、石灰等，將其注入模子，幾小時後打開模子，便出現了栩栩如生的

塑像。工藝美術商店裡出售的石膏模型「維納斯」雕像等，就是這麼鑄出來的。最初混入石膏粉中的水既沒有流走也沒蒸發掉，那麼它們到哪裡去了呢？原來，這些水搖身一變，又成了石膏裡的結晶水。因為在石膏晶體中有水分子的「固定崗位」，它會自動對號入座。

連結放大鏡：

石膏的分佈

世界上最大的石膏生產國是美國。在美國，石膏礦床分佈在22個州，共有69座礦山，最大產地在阿依華州道奇堡。其次是加拿大。法國在歐洲石膏生產中居領先地位。再次為西德、英國、西班牙。中國大陸石膏礦資源豐富。全國23個省(區)有石膏礦產出。探明儲量的礦區有169處，總保有儲量礦石576億噸。從地區分佈看，以山東石膏礦最多，占全大陸儲量的65%；內蒙古、青海、湖南次之。

像玉石一樣美麗的大理石

　　大理石是一種美麗的岩石，它色調淡雅、紋理清晰、圖案美觀，是一種高級建築和雕刻材料。大理石因為主要產於大陸雲南大理而得名。

　　大理石為什麼這麼美麗呢？雲南白族地區流傳著這樣一則民間故事：相傳很早以前，神州大地上有一座仙山，仙山上住著一位美麗的姑娘，她的名字叫做「玉女子」，這位「玉女子」最喜歡四處遊歷，她走到哪裡，哪裡就會出現美麗的玉石。

　　後來，有一個貪婪的人聽說了「玉女子」的故事，就想把玉女子搶回家去，好讓家裡長出很多的玉石來。這個貪婪的人在山上等了好久，終於在山上的石洞裡發現了玉女子的蹤影。

　　玉女子識破了這個人的詭計，就騰雲駕霧飛走了。但是玉女子進洞時解下的五彩腰帶因來不及拿走而留下了。貪心人伸手去撿，腰帶卻隱沒在岩石之中。從此，這座山上的石頭變成了大理石，上面有著各式各樣的花紋。

　　事實上，大理石的主要成分是碳酸鈣。大理石形成於

幾億年前的一片汪洋。

洋底沉積了許多碳酸鈣和生物遺體，後來，經過海陸大變遷，這些碳酸鈣固化成為石灰岩。把石灰岩變成大理石的「功臣」，是地下熾熱的岩漿。

當岩漿湧到大片的石灰岩岩層裡時，在岩漿的擠壓、烘烤下，組成石灰岩的碳酸鈣顆粒，變成了結晶的方解石，不起眼的石灰岩也就變成光潔美麗、花紋清晰的大理石。

大理石軟硬適中，質地細膩，便於鐵器雕琢，且很堅韌，不易崩裂，先人早就用它來雕刻佛像、人物、動物、石碑、欄杆等。大理石有各式各樣的色調和紋理，潔白無瑕的大理石就是漢白玉，其晶瑩潔白，內含閃光晶體，熠熠生輝，是一種十分名貴的建築材料。

西方從古希臘時代就用白色的大理石作為人像雕刻材料。印度最著名的建築藝術傑作——泰姬陵，也是用潔白無瑕的大理石建造的。

雖然大理岩的防水、防冷性能好，又比較緻密堅固，但它不耐酸，易受侵蝕。因此，被稱為「20世紀空中死神」的酸雨，對由大理石構築的世界文物造成了嚴重的威脅。

連結放大鏡：

什麼是玉

玉就是美麗的石頭。這是一個通俗的定義。從科學的角度講，玉分為軟玉和硬玉。軟玉指的是由一種叫做透閃石—陽起石礦物(主要含鈣和氧等元素)構成的緻密堅韌的纖維狀和氈狀集合體，如和田玉等；硬玉是一個具體的礦物名稱，含鈉、鋁、鍶和氧等元素，硬玉的纖維狀和氈狀集合體就構成了翡翠。

在實際生活中，考慮到故有的文化傳統，我們將一些超出上述範圍的石頭也稱作玉，如岫岩玉。

CHAPTER 05

地球憤怒的面具──
可怕的自然災害

My first
Geography storybook

火山是跛腳鐵匠的大火爐

　　一個灰堆有什麼好看的？誰都不希望自己家的花園裡有一個大灰堆，但是人們卻對義大利的一個灰土堆青睞異常。這個灰土堆位於那不勒斯城的後方，高1英里左右。當地人在「灰堆」所在的那不勒斯灣邊建造了很多房子和酒店，方便人們欣賞「灰堆」的美景。這個「灰堆」就是維蘇威火山。

　　古代的人不知道為什麼會有山噴火的現象，於是有了這樣一個神話傳說：有一個住在地底下的跛腳的鐵匠一直在燒火爐打鐵，大火爐口中冒出滾滾黑煙、紅紅的火焰和大量的灰燼。人們認為，跛腳鐵匠的大火爐就是火山。

　　世界上的火山分為休眠火山與活火山兩種。休眠火山不會噴發，活火山卻經常活動。維蘇威火山是一座活火山。它就像一個巨大的煙囪，當它爆發的時候，火山口白天會冒出濃煙和蒸汽，到了晚上會冒出火光。有時，火焰噴發得非常強烈，這時，會有很多石塊和灰塵從火山口中沖出來，跳到天空中。灰塵會在空中飄浮很久，有時候也會隨風飄到附近的國家。每當這時，落日在火山灰中顯得

格外美麗。這真是一個神奇的現象。

　　火山火焰的溫度奇高。石頭碰到火山的火焰就會像黃油一樣，一下子化成熔岩。這些熔岩從火山口流出來，順著山坡不斷往下流。但是，這些軟軟稠稠的熔岩冷卻後，會再變成石頭，也就是火山岩。這些石頭堅硬無比，那不勒斯當地人會用這些石頭來鋪路。

　　火山對人類的危害是很大的。熾熱的岩漿會吞噬地面上的一切，並引發一系列的災害，如土石流、洪水等。火山爆發時所噴出的大量火山灰和火山氣體會對氣候造成極大的影響，如果火山噴發特別強烈，還可能將整座城市埋藏。

　　不過，火山噴發也能帶給人類一些益處。火山活動攪動了地下熾熱的岩漿，使其衝出地面形成火山岩。這些火山岩漿裡有著各種礦液，經過一系列複雜的物理化學作用後，可以凝結成多種金屬礦產和非金屬礦產。火山噴出的火山灰是天然的肥料，落過火山灰的地方，土地會變得十分肥沃。

　　此外，火山風光也是一種旅遊資源。日本的富士山、夏威夷島的火山群、中國大陸的五大連池都是以火山景觀聞名於世的。

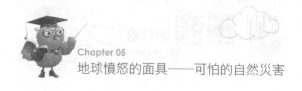
連結放大鏡：

五大連池

　　五大連池是火山噴發出來的熔岩流阻塞河道後形成的火山堰塞湖，位於中國大陸黑龍江省的中北部，地處小興安嶺山地向松嫩平原的轉換地帶，2011年被評為中國大陸國家AAAAA級景區。

　　當地擁有世界上保存最完整、分佈最集中、品類最齊全、狀貌最典型的新老期火山地質地貌。14座拔地而起的火山錐，山川輝映，景色優美；石龍、石海、熔岩瀑布、熔岩暗道、熔岩鐘乳、熔岩旋渦、象鼻熔岩、翻花熔岩、噴氣錐碟、火山礫和火山彈等微地貌景觀，千姿百態，被科學家稱為「天然火山博物館」和「打開的火山教科書」。

雪崩大逃亡

　　1999年2月23日，一場不期而至的雪崩突然襲擊了阿爾卑斯山區一個小村莊，一對來此旅遊的德國夫婦遭遇了這場災難。

　　在雪崩發生前，海拉曼正在室外給他的妻子克里斯汀娜拍照。他對她說：「笑一笑，再笑一笑。」這時，雪崩發生了！

　　克里斯汀娜看見巨大的雪浪向他們撲來，就像她曾經看過的關於夏威夷巨浪的影片一樣。克里斯汀娜只聽見海拉曼驚叫了一聲：「上帝，救我！」然後自己就被雪埋住了。她後來回憶說：「在雪裡，我試著用手做成一個『氣袋』以保持呼吸，然後用力掙扎，希望能回到地面。但是我沒有成功，最後只有放棄了。漸漸地失去了知覺。」

　　一個當時也正在這裡旅遊的英國人達利，從他住的旅館房間的窗戶裡拍下了這場災難。他說：「它看起來就像一場暴風雪，或者說像一台旋轉的洗衣機。透過窗戶，你連1公尺外的物體也看不清楚。」

　　人們趕到災難發生的地點實施緊急救援。在差不多被

雪埋了2個小時以後，克里斯汀娜被救了出來，並在當地醫生的全力搶救下甦醒了過來。但是她的丈夫海拉曼再也沒有活過來。

在這場雪崩災難中，一共有31人喪生，多人受傷，還造成了許多房屋倒塌和被掩埋。據科學家們估計，全世界每年都有超過100萬次雪崩發生，由雪崩造成的災難事件每年也至少有上百起。

前面講述的只是其中的一個例子。雪崩是一種自然現象，主要發生在地形險峻、年降水量充沛的高山積雪區。造成雪崩的原因主要是山坡積雪太厚。積雪經陽光照射以後，表層的雪溶化，雪水滲入積雪和山坡之間，從而使積雪與地面的摩擦力減小；與此同時，積雪層在重力作用下，開始向下滑動，表層積雪大量墜落，造成雪崩。

雪崩的速度非常快。獵豹是動物界的短跑冠軍，牠在追捕獵物時出現閃電般的速度也不過每秒30.5公尺，但是雪崩最快卻能夠達到每秒鐘97公尺的驚人速度。

高速運動的雪崩衝擊力量也非常驚人，能使每平方公尺的被衝擊物體表面承受40~50噸的力量，即使是鬱鬱蔥蔥的森林，也會被一掃而光。

此外，雪崩體在高速運動過程中會引起空氣劇烈的振盪，進而在雪崩龍頭前方造成強大的氣浪。雪崩氣浪的作

用範圍要比雪崩體大得多，它能摧毀森林、房屋，甚至能傾覆車輛，造成人員傷亡。

連結放大鏡：

雪崩發生的規律

雪崩的發生是有規律可循的。大多數的雪崩都發生在冬天或者春天降雪非常大的時候，尤其是暴風雪爆發前後。這時的雪非常鬆軟，黏合力比較小，一旦一小塊被破壞，剩下的部分就會像多米諾骨牌一樣，產生連鎖反應飛速下滑。

雪崩是可重複發生的現象，也就是說，如果在某地發生了雪崩，它完全有可能在不久後又捲土重來。有可能每下一場雪、每一年或是每個世紀都在同一地點發生一次雪崩，這一切都取決於山坡的地形特點和某些氣候因素。

地震是大地在憤怒

　　想像一下，你正在和家人一起在飯桌上吃飯。突然，你發覺飯桌上的盤子、飯碗和杯子開始晃動起來。接著，你聽到一陣陣轟隆隆的聲音，就像飛機在你頭頂上起飛。這個時候，屋子裡的東西都開始搖晃，所有牆上掛的，傢俱上面擺放的物品都摔了下來，你和家人也站立不穩。

　　這種場景，就是地震發生時的景象。地震是怎麼發生的呢？

　　通常情況下，我們腳下的大地感覺起來很結實堅固。但地殼的內部一直在不停地活動和變化著，當地殼運動產生的內力使地殼岩層變形、斷裂、錯動的時候，就會發生地震。

　　這看上去就像大地在憤怒一樣。大多數地震都是小型地震，人們只能感覺到腳下有些輕微的震顫；但有一些地震具有可怕的毀滅性，它會無情地摧毀人類辛苦建立起來的美好家園，吞噬人類的生命。

　　為了預防地震，古今中外的科學家都在努力發揮自己的聰明才智。在中國大陸，最著名的就是東漢科學家張衡

發明的「地動儀」了。相傳，地動儀是用青銅製造的，形狀像一個裝酒的酒樽，地動儀的四周鑄著八條龍，龍頭伸向八個方向。每條龍的嘴裡含著一顆小銅球，龍頭下面，蹲了一隻張著大嘴的蛤蟆。哪個方向發生了地震，對應的龍嘴就會吐出小銅球，銅球會落在下方的蛤蟆嘴裡。

西元138年2月的一天，地動儀正對著西方的龍嘴突然吐出小銅球。張衡認為，這是報告西部發生了地震。沒過幾天，果然有人騎著快馬向朝廷報告西部發生了大地震。

遺憾的是，地動儀實物和圖樣失傳，只留下了文字記載，實物遂成千古之謎。

連結放大鏡：
地震前的徵兆

地震來臨前的徵兆種類有數百種，現象有上千種，比較容易被我們觀察到的有以下這些：

1、地下水異常：

如井水或泉水發渾、冒泡、翻花、升溫、變色、變味、突升、突降、泉源突然枯竭或湧出等。

2、動物異常：

如牛驚慌不安、豬不進圈、狗狂吠不休、貓叼著貓崽

搬家上樹、老鼠白天成群出洞、魚跳出水面等。

　　3、氣象異常：

　　如異常悶熱，久旱不雨或陰雨綿綿，黃霧四散，日光晦暗，怪風狂起，六月冰雹（飛雪）等。

　　4、地聲異常：

　　地聲異常指地震前來自地下的聲音，其聲或如炮響雷鳴，或如重車行駛、大風鼓蕩等。

你知道土石流有多可怕嗎

你知道土石流有多可怕嗎？1970年，南美洲祕魯的安第斯山脈曾發生了一次冰川土石流，頃刻間，一個名叫羅嘉依的城鎮便被3010多萬立方公尺的冰雪泥石徹底淹埋，鎮上的3萬多居民全部遇難。

土石流是怎麼發生的呢？土石流的形成與岩石裸露地表，長期受溫度冷熱變化、風雨、陽光等風化及酸雨、酸霧等化學侵蝕作用有關。山體長期受風化、化學的侵蝕作用，就會變成散碎的岩石。平常的時候，泥土和岩石都處於一個平衡的狀態，安安穩穩的停留在山坡上。一旦暴雨來臨或冰川解凍，石塊吸足了水分，便出現鬆動，開始順著斜坡向下移動。一個地方的石塊發生移動，有可能牽一髮而動全身，整個山體的石塊像多米諾骨牌一般被極速推翻，隨著互相擠壓、衝撞，大大小小的泥石夾雜著泥漿水，匯成一股巨大的洪流滾滾而下，於是就出現了土石流。它們混合成一股黏稠的泥漿，像脫韁的野馬一般，沿陡坡奔騰而下。

一路上，它可以把良田變為荒漠，把果園變為泥塘，

還會沖毀路基、橋樑，堵塞河道，掩埋房屋，甚至毀滅村莊、城市，給人類的生命財產帶來極大的損害。

土石流的發生與人類對自然環境的破壞有很密切的關係，因此，為了減少土石流的發生，我們要保護生態環境，多種植樹木，因為樹木能夠滯留降水、保持水土，從而達到預防和減少土石流的發生頻率和規模。

此外，在有可能發生土石流的地區，我們也可以採取必要的防治措施，比如蓄水、引水工程、改土護坡工程等，以控制土石流的發生和減小危害。最後呢，我們還需要努力學習科學文化知識，加強對土石流的研究和監測工作，這樣，在土石流發生之前，我們就可以將處於土石流危險區的人員和設施儘量搬遷至安全地帶。

連結放大鏡：

中國大陸土石流的多發帶

中國大陸發生土石流規模大、頻率高、危害嚴重的地區主要有以下幾個地區：1.雲南西北和東北山區。2．川西地區。3.陝南秦嶺—大巴山區。4.西藏喜馬拉雅山地。5.遼寧東南山地。6.甘南及白龍江（中國大陸嘉陵江支流，跨甘肅、四川兩省）流域。

龍捲風的神奇「表演」

　　在古老的中國神話中，海洋和河流都是由龍掌控的。龍神可以呼風喚雨，可以喚起一種螺旋上升的風，其威力可以在瞬間捲起人、房屋和樹木，以最快的速度摧毀一切。

　　雖然，龍神只存於神話傳說中，但神話中描述的這種極富破壞力的風是真實存在的，即龍捲風。龍捲風產生於強烈的不穩定的積雨雲中，它的形成與暖濕空氣強烈上升、冷空氣南下、地形作用等有關。因此龍捲風常發生於夏季的雷雨天氣時，尤以下午至傍晚最為多見。

　　龍捲風的威力極大，其經過的地方常會發生大樹被連根拔起、車輛被瞬間掀翻、建築物被摧毀等情況，甚至連人都有可能被捲到幾公尺的高空中。下面，就是記錄下來的龍捲風的神奇「表演」。

　　1950年的一個下午，天氣悶熱無比，美國奧克拉荷馬州的一條公路上，有兩匹馬正拖著一輛裝滿稻草的大車，在緩緩行駛。突然，坐在車上打瞌睡的車夫聽到一聲響雷，當他驚醒過來時，卻發現自己坐在一片金黃色的麥田

中，車子、馬匹和稻草都不知去向了。

1973年一個晴朗的夏天，美國路易斯安那州小鎮上的一對夫婦正在睡午覺，突然聽到門外有一陣刺耳的尖叫聲。隨後，他們連人帶床被捲到了荒郊野地，床前一張放衣服的椅子還在，折疊好的衣服仍舊好端端地擺在上面。

1978年仲夏的一天，美國尼布拉斯加州突然烏雲密佈，狂風大作，烏雲中央伸出了一條長長的像牛尾巴的「捲雲」，迅速向在公園裡玩耍的5名中學生捲來。5個孩子緊緊地抱在一起，準備抵禦這突如其來的「妖魔」。

奇怪的是，風突然小了，捲雲竟在他們的頭頂上停了下來。大家抬頭一看，發現捲雲中心漆黑一片，刺眼的閃電不時從雲中竄出，可怕的聲音在雲中隆隆作響，一會兒像雄獅怒吼，一會兒像潑婦尖叫。不一會兒，捲雲又風馳電掣般地向遠處捲去，孩子們安然無恙，離公園數里的一塊地方卻變成了一片廢墟。

1904年6月29日，俄國莫斯科東南方向突然出現龍捲風，一支消防隊誤以為是發生火災的濃煙，疾馳前往救災，結果被龍捲風捲走了馬匹，砸碎了消防車，莫斯科河也被截斷。龍捲風所到之處，屋頂在空中飛舞，耕牛在空中盤旋，百年大樹拔地而起，旋向空中。一個居民在旋風中扶搖直上，旋風捲走了他的衣服，最後把他扔在地上。

連結放大鏡：

龍取水

　　龍捲風外貌奇特，其上部是一塊烏黑或濃灰的積雨雲，下部是下垂著的形如大象鼻子的漏斗狀雲柱。龍捲風是雷暴雲底伸展至地面的漏斗狀雲（龍捲）產生的強烈的旋風，一般伴有雷雨，有時也伴有冰雹。龍捲風具有很大的吸吮作用，受龍捲中心氣壓極度減小的吸引，附近的氣流從四面八方吸入渦旋的底部，並隨即變為繞軸心向上的渦流。此外，龍捲風還可以把海（湖）水吸離海（湖）面，形成水柱，然後同雲相接，俗稱「龍取水」。

驚濤駭浪的海嘯

　　很多人都嚮往大海的寬廣和博大，可是，大海要是生起氣來，可真是驚濤駭浪、威力無邊。

　　海嘯是由風暴或海底地震造成的海面惡浪並伴隨巨響的現象，是一種具有強大破壞力的海浪。一般來說，群島國家會比較容易遭受這種災害，例如印尼、智利、日本等。日語中的「tsunami」現在已經成為世界通用的學術用語，日本也有很多關於地震或海嘯的災害傳說。

　　在日本一個叫做白保的漁村裡，一位漁夫捕到了一條很少見的魚，正要殺了吃的時候，魚突然開口說話，求漁夫把牠放了。漁夫還在納悶的時候，魚對漁夫說：「我告訴你一個巨大的消息，明天會有大海嘯，請你抓緊逃命吧！」漁夫就把魚給放生了。

　　漁夫把魚兒告訴他的話轉告給村民們，可是沒人相信他的話。第二天，海水退潮了，海灘上留下了很多魚和貝殼。白保村的村民們都跑到海邊上撿魚和貝殼，他們撿啊撿，一直撿到自己提不動，還是不捨得離開。就在這時，突然從近海捲起齊天高的巨浪，瞬間就把村民們捲入海

中，據說去了海邊的人無一倖免。

「會說話的魚」雖然是傳說，但它蘊含的意義並不單單是傳說這麼簡單。科學家們認為，這則傳說隱含著很多科學道理。海嘯發生前會有深海魚類浮上海灘的異常現象。這是海洋地震的前兆，地震之前，海水退潮，海底的很多生物就遺留在海灘上掙扎，因此漁夫才能捕到平時見不到的魚。所以，如果在海邊看到海水冒泡，潮水退去，此時應立即撤離。

2004年12月26日，強度達芮氏9.1～9.3級大地震襲擊了印尼蘇門答臘島海岸，此次地震引發的海嘯甚至危及遠在索馬里的海岸居民。僅印尼地區，就有16.6萬人葬身於這次海嘯中，全部受災地區共有將近200多萬人無家可歸。

在這次海嘯災難中，10歲的英國的小女孩蒂莉・史密斯憑藉自己的地理知識挽救了大批遊客的生命，被法國兒童雜誌評為「年度兒童」。海嘯來襲時，蒂莉・史密斯正在泰國普吉的麥拷（Maikhao）海灘上玩耍。突然，蒂莉覺得有點不對勁，她停住了腳步，對媽媽說：「媽媽，海嘯要來了！」媽媽頓時緊張起來，反覆跟蒂莉確認：「你確定嗎，蒂莉？」蒂莉嚴肅地點點頭，認真地指著海水說：「你看，這海水在冒泡，而且泡沫還發出嘶嘶的聲

音。潮水也突然退了下去。老師跟我們講過，出現這種狀況，表示海嘯就要來臨了。」在聽完孩子的敘述之後，蒂莉的媽媽立即找到了當地的工作人員，他們及時將海灘邊所有遊客疏散到了安全地區。

就在大家離開海灘後不到幾分鐘，巨大的海浪突然朝岸邊襲來，造成了不小的破壞。但萬幸的是，沒有出現人員傷亡情況，麥拷海灘成為泰國普吉少數幾個在海嘯中沒有出現人員傷亡的海灘之一。

連結放大鏡：

世界上最驚人的海嘯

世界上最驚人的海嘯發生於1960年的智利。

1960年5月，智利中南部的海底發生了強烈的地震，引發了巨大的海嘯。從5月21日凌晨開始，在智利的蒙特港附近海底，突然發生了罕見的強烈地震，這場地震持續到6月23日，先後發生了225次不同震級的地震。震級最大的一次發生5月22日下午19點11分，震級高達8.9級，大震過後，引發了大海嘯，海洋激烈翻滾，波濤狂嘯洶湧，崩裂的岩石遍佈海灘。海嘯波以每小時幾百公里的速度橫掃了太平洋沿岸，把智利的康塞普西翁、塔爾卡瓦

諾、奇廉等城市摧毀殆盡。

　　這次地震導致數萬人死亡和失蹤，沿岸的碼頭全部癱瘓，200萬人無家可歸。同時給太平洋東西兩岸，如美國夏威夷群島、日本、俄羅斯、中國大陸、菲律賓等許多國家與地區造成了不同程度的影響，是世界上影響範圍最大、最驚人、最嚴重的一次海嘯災難。

可怕的紅色海水

　　20世紀60年代，日本近海地區突然出現一種奇特的現象：原來藍色的海面經常變成紅色，像是誰把紅色染料倒進了海水裡一樣，看起來竟十分漂亮。不過好景不長，紅色海水出現不久，死魚死蝦的臭味便隨風飄來。人們這才意識到，這種奇妙的海景其實是一場災難。這到底是怎麼回事呢？

　　經過長時間調查，科學家終於找到了這場災難的產生原因：水體優養化，也就是水中的營養物質太多了，主要是磷和氮的含量過高。由於優養化的水體呈現出的是紅色，所以科學家們便將這種災害現象稱為赤潮。實際上，赤潮並不一定都是紅色的，它可因引發赤潮的生物種類和數量不同而呈現出不同顏色。當每立方公尺水中含磷量超過20毫克、無機氮超過300毫克時，水體就處於富營養化的狀態，就可能發生赤潮。

　　赤潮對漁業的危害非常嚴重，它能導致大批魚類或其他水生動物死亡。赤潮生物會分泌一種毒素，直接威脅魚、蝦、貝類的生存。發生赤潮時，由於眾多的赤潮生物

紛紛死去，使海水高度缺氧，各種海洋生物也很可能死於非命。所以，赤潮是海洋動物的大敵，也是海水養殖業的大敵。

此外，赤潮也會直接威脅人類的健康和生命。在赤潮發生的海域，水產品含有毒素，如果人食用了被赤潮污染的魚或貝就會發生中毒，嚴重的還會造成死亡。

隨著海洋污染的日益嚴重，世界各海區赤潮的發生越來越頻繁。只有有效地控制和緩解海洋污染，才能杜絕赤潮現象，使海洋動物擁有良好的生存和繁衍環境，最終更好地造福人類。

連結放大鏡：
赤潮的顏色

赤潮因發生的原因、種類和數量的不同，水體會呈現不同的顏色，有紅顏色或磚紅顏色、綠色、黃色、棕色等。值得指出的是，某些赤潮生物（如膝溝藻、裸甲藻、梨甲藻等）引起的赤潮，有時並不會導致海水呈現任何特別的顏色。

迷霧重重的厄爾尼諾

　　很早以前，厄瓜多爾和祕魯沿岸的居民發現，每到耶誕節的前後，隨著東南信風的暫時減弱和南美沿岸海水湧升現象的減退，太平洋赤道逆流的一個分支海流，沿著厄瓜多爾海岸南下。隨之，南美西海岸附近海域的海水溫度增高。起初，人們只知道這種自然現象出現在耶誕節前後。而且每當發生這種情況時，在這一海域裡生活的適應冷水環境的浮游生物和魚類，因水溫上升而大量死亡，使得世界著名的祕魯漁場的魚產量大幅度下降。於是，沿岸居民對海面水溫升高的自然現象感到迷惑不解，稱這是「聖嬰」降臨了。聖嬰在西班牙語中的發音為厄爾尼諾。這樣，厄爾尼諾就成了祕魯沿岸海水溫度異常變化的代名詞了。

　　厄爾尼諾是太平洋赤道帶大範圍內海洋和大氣相互作用後失去平衡而產生的一種氣候現象。一般情況下，西太平洋的表層水溫較高，東太平洋的水溫較低。但是在某些年份中，溫暖的海水被輸送到東太平洋，這樣太平洋海水水溫就變成東高西低了，從而形成厄爾尼諾。近幾十年

來，人們發現厄爾尼諾給生態、環境、氣候乃至世界經濟都帶來了相當大的影響。它除了使祕魯沿海的氣候出現異常增溫、多雨等現象外，還會使澳大利亞叢林因乾旱和炎熱而不斷起火、北美洲大陸熱浪和暴風雪不斷發生、大洋洲和西亞多發生嚴重乾旱、中國大陸南部也會發生乾旱現象且使沿海漁業減產等。

厄爾尼諾是一種不規則重複出現的現象，一般每2～8年出現一次。但是，自20世紀90年代以來，這種現象出現得越來越頻繁，這很可能與全球變暖有直接的聯繫。但人們對太平洋中出現的厄爾尼諾現象，仍有許多感到迷惑不解之處，比如，發生厄爾尼諾現象時，那巨大的暖水流是從何處來的？它的熱源在哪裡？過去人們提出過種種假說，如其熱源來自地心，或是因為海底火山爆發等。但是，往往在沒有發生大的火山爆發時，也曾發生過厄爾尼諾現象，因此這種假說不能令人信服。

連結放大鏡：

浮游生物

養過魚的人都知道魚吃魚蟲，去河邊或池塘邊玩的人都見過小蝦，類似於魚蟲和小蝦這一類體型細小，大多數

用肉眼看不見，懸浮在水層中且游動能力很差，主要受水流支配而移動的生物，就是浮游生物。

從生物學上來說，浮游生物指的是生活在海洋、湖泊及河川等水域中，自身沒有移動能力，或者移動能力非常弱，不能逆水流而動，而是浮在水面生活的一類生物。它是根據其生活方式的類型而劃定的一種生態群，並不是生物種的劃分概念。

CHAPTER 06

漫遊東西世界——
感悟不同國家
的人文歷史

My first
Geography storybook

中華民族:古老的東方有一條龍

「古老的東方有一條龍,它的名字就叫中國」,每當聽到這首歌,你是不是總會產生一種豪情萬丈的感覺呢?

中國大陸的領土面積多達960萬平方公里,僅次於俄羅斯和美國,居世界第三位。除了陸地面積,中國大陸還擁有約470萬平方公里的領海,位於領土和領海之上35公里的領空屬於大陸的管轄範圍共約1430萬平方公里。

中國大陸的地形複雜多樣,總體而言是西高東低。世界上最接近太陽的地方——青藏高原就位於大陸的西南地區。在中國大陸廣闊的土地上,可以進入森林探險,可以在草原上策馬揚鞭,可以揚帆遠航,也可以欣賞「大漠孤煙直,長河落日圓」的壯觀景象。

除了不同的地形帶來的美麗景色,多樣的氣候特點也使得中國大陸具有更加獨特的魅力。冬季的北方千里冰封,白雪皚皚;而位於中國大陸南部的地區卻是百花飄香,溫暖如春。

中國大陸最令世人矚目的是中華民族的文化。它綿延5000年,至今仍欣欣向榮。中華民族的國粹京劇令世人歎

為觀止，還有充滿神祕色彩的武術、中醫也讓無數的人充滿嚮往，中國的水墨畫與西方油畫風格迥異，自成一派。在很多外國人眼中，中華民族是一個處處都充滿著神祕色彩的地方。

　　中華民族是一個由56個民族組成的大家庭，各個民族都有自己的傳統文化和節日，這更為中華民族這個大家庭增添了無窮的吸引力。

旅行筆記：
中國大陸疆域的四個端點

　　最北點(北緯53°，東經123°)：黑龍江省漠河以北黑龍江主航道中心線。

　　最南點(北緯4°，東經112°)：南海南沙群島南端曾母暗沙。

　　最東點（東經135°，北緯48°），黑龍江烏蘇里江匯合處主航道中心線。

　　最西點（東經73°，北緯39°），新疆帕米爾高原。

日本：經常晃動的島國

　　你知道你喜歡的櫻桃小丸子、蠟筆小新、柯南、海賊王是哪個國家的嗎？沒錯，他們都來自我們的鄰國日本。這幾個動漫人物僅僅是日本動漫產業中極小的一部分，日本動漫產業十分發達，是世界排名第一的動漫王國。

　　日本人崇尚太陽神，日本的意思是「太陽之處」，也就是太陽升起的地方。

　　日本是一個島國，面積不大，但是經濟極為發達，從20世紀60年代起就被認為是第二資本主義經濟強國。日本的首都東京是全球最大的都市之一，也是世界上人口最密集的城市之一。日本天皇的居所、國會議事堂、各國駐日大使館、大企業本部、報社、電視臺等都集中在東京。

　　日本是世界上發生地震最多的國家之一，因為日本處在太平洋火山地震帶上，地震和火山運動都很頻繁。地震給日本人民的生活帶來了很大的困擾，但是日本的地震救援措施是很完備的，學會自救也是每個日本人從上幼稚園就開始的必修課。

　　日本全國有200多座火山，其中最著名的就是富士

山。富士山是日本的最高峰，是日本的「聖嶽」，景色十分優美。

　　櫻花在日本人民眼中是高雅、剛勁、質樸的，這恰恰也是日本人民面對困難時的精神，因此日本人民對櫻花具有特殊的感情，甚至有人說「欲問大和魂，朝陽底下看山櫻」。每年的櫻花節，人們都會呼朋喚友，在櫻花樹下席地而坐，暢談人生。

旅行筆記：

日本天皇

　　天皇是日本國君主的稱號，日本國家的象徵。天皇制是世界歷史上最長的君主制度（書籍記載於前660年）。由於被認為不同於普通的日本人，天皇與其家族沒有姓（歷史學上稱其為天皇氏），日本憲法也未賦予其公民權。雖然裕仁以後的日本天皇已宣佈完全放棄歷史上其被賦予的「神性」，但直到今天，多數日本人仍然認為天皇代表著「國家」。

英國：莎士比亞的故鄉

　　英國是個島國，由大不列顛島以及愛爾蘭島東北部的北愛爾蘭和一些小島組成，全稱為「大不列顛及北愛爾蘭聯合王國」。大不列顛島又分為英格蘭、蘇格蘭和威爾士三部分，其中英格蘭是政治經濟中心。

　　英國的地理位置比我國的黑龍江省還要偏北，氣候卻溫和得多，這與其毗鄰大西洋有關。在英國，你可能會看見一位英國人在陽光明媚的清晨帶著雨傘出門。其實，這一點也不奇怪，因為這裡的氣候雖然溫和，天氣卻變幻莫測，很有可能一會兒就有一場大雨。忽晴忽陰又忽雨的情況，在英國十分常見。

　　英國是一個歷史悠久的國家，有著璀璨的歷史文明：在這片土地上孕育了大文豪莎士比亞，他寫出了《羅密歐與茱麗葉》這樣的不朽名作；英國還是大偵探福爾摩斯的故鄉。現代的英國，更是打上了令全世界瘋狂的哈利・波特的標籤，說不定霍格沃斯就在英國某個轉角的地方。

　　同時，這片土地上的人們也創造出了耀眼的成果：英國是世界上第一個工業化國家，並且有許多科學發現和發

明，如青黴素、第一部電腦和噴氣式發動機，等等。英國
是聯合國安理會常任理事國，是世界五個核武器大國之
一，是歐盟、北約、英聯邦、西歐聯盟等120個國際組織
的重要成員國，也是世界第六大經濟體。

旅行筆記：

莎士比亞故鄉

　　曾經有無數名人在英國留下了他們的足跡和故事。世
界戲劇大師威廉・莎士比亞就是其中一個。在英國艾芬河
畔的斯特拉斯福小鎮上有一幢古典的兩層木房，那裡曾是
莎士比亞的居所。莎士比亞在結婚以後，將房子命名為
「安妮・赫舍薇的茅舍」。後來，人們為了紀念這位戲劇
大師，在他房子的右側建造了「莎士比亞中心」。那裡同
時也是圖書館和檔案館。

法國：六邊形的國家

　　在歐洲大陸上，有一個國家被稱作「六邊形國家」。你知道是哪個國家嗎？我們一起翻開歐洲地圖找找看。

　　在地圖上你會發現，法國的輪廓好像一個不規則的六邊形，法國人有時就用「六邊形」來形容自己的國家。

　　法國是法蘭西共和國的簡稱，位於歐洲大陸的西部，三面臨海，另外三邊是大陸邊界，其中，高聳的阿爾卑斯山和比利牛斯山分別是法國與義大利、西班牙天然的地理分界線。

　　法國地形東南高西北低，以平原、丘陵為主，河流眾多，境內主要河流有塞納河、盧瓦爾河、羅納河等。法國的氣候溫和濕潤，全國大部分地區年平均氣溫在10℃～14℃之間，十分適宜工農業的發展。法國的經濟十分發達，是歐洲四大經濟體之一。

　　法國不僅經濟發達，還富有濃厚的人文氣息。它是世界著名文學家大仲馬、小仲馬的故鄉；盧浮宮和巴黎聖母院譽滿全球，高聳的埃菲爾鐵塔和雄偉的凱旋門讓人駐足不前；一年一度的戛納國際電影節更是吸引了全球的目

光；還有超級美味的法國大餐等著你來品嘗。

　　法國還被譽為「世界上最浪漫的國家」。這裡有「世界上最美麗的街道」香榭麗舍大道，有引導世界時裝潮流的法國時裝，有最悠久的紅酒釀造歷史，是「葡萄酒皇后」波爾多紅葡萄酒的故鄉。

　　迷人的藍色海岸，醇香甘美的葡萄酒，優雅的時裝，美麗的語言，浪漫的民族，醉人的塞納河……法國，真的是一個令人神往的美麗國家。

旅行筆記：

戛納國際電影節

　　戛納國際電影節是世界三大電影節之一，每年5月在法國東南部海濱小城戛納舉行，它是世界上最早、最大的國際電影節之一，為期兩周左右。1956年最高獎為「金鴨獎」，1957年起改為「金棕櫚獎」。

德國：音樂、通話、戰爭都在這裡

提起音樂，很多人會想到奧地利的首都維也納，其實，喜歡音樂的不只是奧地利人，德國人也非常熱愛音樂，我們熟悉的《平安夜》、《聖善夜》就是德國音樂，德國的歌劇也非常優秀。德國人是世界上最會講故事的人之一。他們創作了許多優秀的童話。德國人的童話故事你一定不陌生，《格林童話》、《小紅帽》、《青蛙王子》、《灰姑娘》、《白雪公主》、《睡美人》……都是德國藝術家的創作。

但是，就是這樣一個喜歡音樂，愛講故事的民族，卻也十分好戰。德國曾經策動了兩次大規模的戰爭，把世界上所有的國家都捲進了戰火中。在那兩場世界戰爭中，德國幾乎成了全世界共同的敵人。雖然德國人善戰，但是最終都被打敗了。

德國有一條著名的河流，叫萊茵河。它發源於瑞士阿爾卑斯山上的一座冰川，河水從山上流下，經過德國西部地區後，流向荷蘭。在萊茵河兩岸，你會看到很多聳立的山坡和奇怪的岩石。

提到德國，男士們或許知道那裡有一種著名的香水「古龍水」。古龍水的氣味非常濃，其實古龍水還有一個名字，就是科隆香水。科隆是一座城市，它坐落在萊茵河邊上。「科隆」有「殖民地」的意思，這個城市之所以叫「科隆」，是因為這裡曾經是古羅馬的殖民地。

科隆有一座舉世聞名的教堂——科隆大教堂。這座教堂規模宏大，人們用了整整七百年的時間才將科隆大教堂建成，因此，它被稱為全世界建造時間最長的建築。

雖然科隆有著名的科隆大教堂，但科隆並沒有因此成為德國最著名的城市。德國最著名的城市是首都柏林。

矢車菊是德國的國花。這種生命力旺盛的小花象徵著德國人民的樂觀堅強，被德國人認為是吉祥的花。白鸛在歐洲一向被認為是吉祥的象徵，它就像是上帝派來的天使，專門拜訪要交好運的人，德國人把這種吉祥的鳥選為「國鳥」。為了留住好運，很多的德國家庭在煙囪上修建平臺讓白鸛繁衍生息。

旅行筆記：
德國的飲食

德國是飲酒大國，啤酒和葡萄酒在世界上是很有名

的。除了酒，德國的香腸和麵包種類也多種多樣，其中香腸有1500多種，麵包也有1000多種。現在最受歡迎的一種蛋糕「黑森林蛋糕」也起源於德國。德國南部有一個叫「黑森林」的旅遊勝地，盛產黑櫻桃。當地人把黑櫻桃夾在巧克力蛋糕內，塗上鮮奶油，再撒上巧克力碎片，香噴噴的黑森林蛋糕便新鮮出爐了。

俄羅斯：土都會被凍起來的國家

俄羅斯是世界上國土面積最大的國家，跨越歐亞兩個大洲，綿延的海岸線從北冰洋一直延伸到北太平洋，瀕臨大西洋、北冰洋和太平洋。

俄羅斯由於地域寬廣，所以氣候複雜多樣。位於西伯利亞冷漠荒原中心的奧伊米亞康小鎮，是地球上有人類居住的最寒冷的地區，這裡的氣溫曾經達到-70℃。在俄羅斯北部地方，夏天地表的土壤解凍，但是，深層的土壤仍然被凍得硬梆梆。這樣的土地，我們稱之為「凍土」。在俄羅斯北部，通常有上千英里的凍土地帶。

俄羅斯北部常年被冰雪覆蓋，到處白茫茫一片。南方的土壤卻非常肥沃，土的顏色像煤一樣黑。這種土地就是我們俗稱的黑土地。

黑土是一種富含大量有機質的土壤。俄羅斯南部地區的黑土地據說有幾十英寸厚。俄羅斯人在肥沃的黑土地上種植了大量小麥。人們把小麥磨成麵粉，加工成麵包，送往各地，所以，俄羅斯南部被稱為「俄羅斯糧倉」。

俄羅斯有歐洲最高的山和最長的河。高加索山是歐洲

最高的山，它位於俄羅斯南部，在黑海和里海之間。許多大河水流都很湍急，但是作為歐洲最長的河——伏爾加河，卻水流緩慢。伏爾加河的水真的流得太慢了，慢到你甚至都分不清它往哪個方向流淌。伏爾加河裡有一種魚叫鱘魚，我們吃的魚子醬便是用鱘魚的魚卵做成的。

旅行筆記：

謝肉節

謝肉節是俄羅斯除了新年外，最熱鬧的節日。謝肉節在復活節後的第八周，一共要持續七天，而且每一天都有不同的慶祝內容：第一天是迎節日，第二天是始歡日，第三天是大宴狂歡日，第四天是拳賽日，第五天是岳母晚會日，第六天是小姑子聚會日，第七天是送別日。人們在這期間也會舉行各式各樣的大型全民活動共同歡度節日。

加拿大：地廣人稀的楓葉王國

加拿大位於北美洲北部，南部與美國本土相連接，北邊靠近北極海，到達北極圈，東西兩側分別為大西洋和太平洋，是世界上海岸線最長的國家。

加拿大的第一大城市和金融中心多倫多的緯度與日本北海道、美國波士頓、義大利羅馬、中國大陸瀋陽相近。

瀋陽在大陸的東北，冬天漫長而氣候寒冷，而同一緯度的多倫多還算是加拿大的南部，也就是氣溫相對溫暖的地方呢！

由於加拿大北部冬季非常寒冷，所以大多數人都選擇南部地區居住。由於加大拿南部靠近美國，所以在這裡生活的人們也養成了相似於美國人的生活習慣，而且，這裡就連種植的作物都跟美國北部很相似。與美國一樣，加拿大也是世界上主要的小麥生產國。

加拿大的官方語言是英語和法語，紅白相間的楓葉旗是加拿大的國旗，非常容易與其他國家的國旗區別開來。

加拿大的國土面積有997.061萬平方公里，僅次於俄羅斯，居世界國家和地區第2名，中國大陸為960多萬平方

公里。

　　但是加拿大的人口稀少，平均每平方公里僅為3.4人左右，中國大陸平均每平方公里138人左右。可以看出，加拿大是一個地廣人稀的國家。

　　白求恩是我們所熟知的國際共產主義戰士，他的故鄉就是加拿大。加拿大人非常尊敬這位傑出的醫生。

　　白求恩的故居位於加拿大的安大略省。白求恩故居房屋雖然矮小，但是具有北美洲農村的典雅風韻。現在，這裡已經改建成白求恩紀念館。

旅行筆記：
加拿大國徽

　　如果你有機會看見加拿大國徽的話，會發現它非常複雜。

　　在加拿大國徽中間有一個盾，盾面下部為一枝三片楓葉。楓樹正是加拿大的象徵，是加拿大人民心中的國樹；在盾面的上部，有三頭金色的獅子，一頭直立的紅獅，一把豎琴和三朵百合花。獅子，紅獅，豎琴和百合花中蘊含著加拿大的歷史，它們象徵著歷史上加拿大與英格蘭、蘇格蘭、愛爾蘭和法國之間的聯繫。

在國微的下方還有綬帶，上面用拉丁文寫著「從海到海」。這正說明了加拿大西瀕太平洋，東臨大西洋的地理位置。

美國：山姆大叔的家鄉

你能想像這樣一個人物嗎？一個身材高大的男子，穿著一件國旗樣式的衣服和一條紅白相間的條紋褲子，頭上戴著一頂滿是星星的帽子。他就是大名鼎鼎的山姆大叔。「山姆大叔」是美國的綽號，它與自由女神一樣，為世人所熟知。

山姆大叔的由來是這樣的：在紐約州的洛伊城有一位叫撒母耳・威爾遜的肉類包裝商，由於他做生意很講誠信，所以他很有威信，當地人都親切地稱呼他為「山姆大叔」。在美國獨立戰爭時期，山姆大叔擔任紐約州和新澤西州的軍需檢驗員，負責在供應軍隊的牛肉桶和酒桶上蓋上「US」（美國國名的縮寫為「US」或「USA」）的符號，以此作為美國財產的標記。

十分湊巧的是，「山姆大叔」（Uncle Sam）的英文縮寫也是「US」。人們很自然地就把這兩個「US」名稱聯繫在一起。這樣一傳十，十傳百，結果「山姆大叔」漸漸地成了美國的「綽號」。後來，美國人把「山姆大叔」誠實可靠、吃苦耐勞以及愛國主義的精神視為民族的驕傲

和共有的品質。1961年，美國國會正式承認「山姆大叔」為美國的民族象徵。

美國全稱美利堅合眾國，地處北美洲中部，幅員遼闊，地形複雜。在這個國土面積超過963萬平方公里的土地上，生活著超過三億的人口。美國共有50個州和一個哥倫比亞特區，北美洲西北部的阿拉斯加州和太平洋上的夏威夷也是美國的領土。

美國的建國歷史不長，僅有二百多年。1776年7月4日，華盛頓在費城透過《獨立宣言》宣告了美國的誕生。從1870年以來，美國國民經濟就位居全球第一，並創造了一個又一個具有全球影響力的商業品牌：NIKE運動產品、福特牌汽車、摩托羅拉手機，等等。今天的美國是聯合國安理會五個常任理事國之一，它在全球的政治、經濟、軍事、娛樂等眾多領域產生了重大而深遠的影響。

美國不僅是個經濟大國，同時也擁有豐富的自然與人文景觀。這裡有世界著名長河密西西比河、風光美麗的五大湖、最大的地質公園黃石國家公園、多彩的科羅拉多大峽谷，有象徵意義濃厚的自由女神像，還有為了紀念美國第一任總統喬治·華盛頓而建造的華盛頓紀念碑。此外，位於美國西面太平洋上的夏威夷群島也是全球著名的度假勝地。

旅行筆記：

《獨立宣言》

　　《獨立宣言》是一份於1776年7月4日由湯瑪斯・傑弗遜起草，並由其他13個殖民地代表簽署的最初聲明美國從英國獨立的文件，由第二次大陸會議於費城批准，7月4日也成為美國獨立紀念日。《獨立宣言》也因此成為了美國最重要的立國文書之一。

　　《獨立宣言》由四部分組成：第一部分為前言，闡述了宣言的目的；第二部分高度概括了當時資產階級最激進的政治思想，即自然權利學說和主權在民思想；第三部分歷數英國壓迫北美殖民地人民的條條罪狀，說明殖民地人民是在忍無可忍的情況下被迫拿起武器的；宣言的最後一部分莊嚴宣告獨立。

墨西哥：戰神的國度

　　你知道現在世界上廣泛種植的玉米最早是從哪裡傳過來的嗎？那就是位於北美洲南部、拉丁美洲西北，南美洲和北美洲陸地交通的必經之地——墨西哥。

　　玉米是非常重要的糧食作物，作為玉米之故鄉的墨西哥當然尤為自豪。過去的5000年裡，墨西哥人用他們的勤勞和智慧將野生的玉米培育成了世界第三大糧食來源，對墨西哥人來說，玉米遠遠不止充饑那麼簡單。燦爛的瑪雅文明和阿茲特克文明都是墨西哥人在種植玉米的過程中創造出來的。難怪墨西哥人常常會自豪地說：「我們創造了玉米，玉米同樣也創造了我們，我們是玉米人。」

　　墨西哥是美國南部的鄰國，它被稱為「神的國度」，準確地說，應該叫「戰神的國度」。這裡的土著印第安人信奉的戰神名叫「墨西卡里」，人們便用他的名字來給墨西哥命名。

　　墨西哥曾經被大西洋對岸的西班牙統治過一段時間，墨西哥白人的祖先大都來自西班牙。雖然現在的墨西哥已經是一個擁有獨立的國家，不過墨西哥人現在依舊說西班

牙語，他們的很多生活習慣與西班牙人相同。

　　墨西哥人迎接新年的方式非常特別，那就是吃「許願葡萄」迎接新年。每一個墨西哥家庭到年末的時候都會早早地準備好葡萄，辭舊迎新的時候，新年的鐘聲每敲一下，人們就吃下一顆「許願葡萄」，一共要吃12顆，每吃一顆就許下一個新的一年中要實現的願望，祈禱來年每個月都幸福安康。

旅行筆記：

墨西哥的故事

　　墨西哥的國徽為一隻展翅的雄鷹嘴裡叼著一條蛇，一隻爪抓著蛇身，另一隻爪踩在從湖中的岩石上生長出的仙人掌上，所描繪的是墨西哥人的祖先阿茲特克人建國的歷史。

　　相傳在很久以前，太陽神為了拯救四處流浪的墨西哥人祖先阿茲特克人，托夢給他們，只要見到鷹叼著蛇站在仙人掌上，就在那地方定居下來。居住在墨西哥北部地方的阿滋特克人在太陽神的啟示下，找到圖案中所描繪的地方定居下來，建立了墨西哥城。

南非：鑽石王國

在西方流傳著一個傳說。傳說告訴人們，彩虹盡頭藏著黃金。如果這個傳說是真的，「彩虹盡頭」一定指的是南非，因為現在世界上大部分的黃金都產自南非。

南非有著世界上最大的金礦。如果全世界所有的黃金製品都要給自己填寫「籍貫」的話，那麼將有超過一半的金子會在自己的「籍貫」上寫著：南非約翰尼斯堡。同時南非也出產鑽石，南非的鑽石產量約占世界總產量的8.7%。

世界上最大的鑽石生產和銷售德比爾斯公司也位於南非。世界上的人們都喜愛閃耀的鑽石，南非人民對能夠出產這種價格不菲的石頭非常自豪，所以把鑽石定為南非的國石。

除了豐富的礦產，南非的精神世界中還有一位贏得世人尊重的領袖。他出生於南非的一個酋長家族，但是為了黑人解放事業，他放棄了酋長的位置。他領導南非反對種族主義政權的鬥爭，但是不幸被捕，1963年以陰謀顛覆罪被判終身監禁。

1990年獲釋，1994年當選南非總統，而且成為諾貝爾和平獎的得主，他就是被尊稱為「南非國父」的首位黑人總統曼德拉。2009年，南非政府為了紀念曼德拉的功績，決定將曼德拉的生日7月18日設立為「曼德拉日」，以此來激勵民眾從事公益活動。

南非位於非洲大陸的南端，南非的地理位置非常重要，它的東、南、西三面被印度洋和大西洋包圍，是兩大洋航運的要塞。

南非西南端的好望角，是世界上最繁忙的海上交通要道之一，所以又被稱為「西方海上生命線」。

南非很早就有人居住，但是在1652年，荷蘭人侵入南非，緊接著，大批殖民者為了這裡豐富的金礦蜂擁而來。

這些殖民者來自歐洲各個國家，他們將自己的國家的語言和風俗習慣帶到了南非，所以南非的人種和語言都非常複雜。

旅行筆記：

鑽石

金剛石是一種天然礦物，是鑽石的原石。換句話說，鑽石就是經過雕刻打磨的金剛石。

　　人類文明雖有幾千年的歷史，但人們發現和初步認識鑽石卻只有幾百年，而真正揭開鑽石內部奧祕的時間則更短。

　　在此之前，伴隨它的只是神話般具有宗教色彩的崇拜和畏懼，同時把它視為勇敢、權力、地位和尊貴的象徵。如今，人們更是把鑽石看成是愛情和忠貞的象徵。

澳大利亞：騎在羊背上的國家

你知道世界上唯一一個領土覆蓋整個大陸的國家是哪裡嗎？它就是位於南半球大洋洲的澳大利亞。

早在4萬多年前，澳大利亞上就有土著居民居住。後來歐洲人來到了這裡，他們誤以為這片土地和南極洲相連，所以為它命名為「澳大利亞」——也就是拉丁文「南部的土地」的意思。

最初澳大利亞是英國人流放罪犯的地方。因為在英國人眼中，任何人被關在這個茫茫大海中的孤獨小島上都沒辦法逃跑。後來英國人就發現澳大利亞除了關押犯人之外還有更大的用處。因為他們在澳大利亞中部的沙漠地帶發現了金礦。於是當時的英國人不顧危險，不畏炎熱來到澳大利亞的沙漠淘金，這些人就是自由移民，但是當他們抱著滿腔的希望來到這裡時才發現，在這裡淘金的成本太高，以至於他們完全賺不到錢。

所以，人們只能尋找另一種可以發財的辦法。經過觀察他們發現，澳大利亞的南部有一片廣闊的草原，非常適合放養牛羊，但是澳大利亞當地卻並沒有牛和羊。於是這

些人就把牛、羊和一些其他的外來動物都引入了澳大利亞。就在人們滿懷希望地將牛羊帶到草場上時，又發現當地的草不適合牛、羊食用。沒辦法，他們只得再從自己的國家引進了草種，在澳大利亞播種。

　　一番曲折後，人們終於成功了。這些人給澳大利亞的發展帶來的很大的幫助。現在，畜牧業是澳大利亞經濟發展的支柱，澳大利亞是世界上最大的羊毛生產國和出口國，人們稱它是一個「騎在羊背上的國家」。

　　澳大利亞因為得天獨厚的地理環境，被世人稱為是「世界活化石博物館」。這裡共有植物一萬兩千種，其中有九千種是澳大利亞所獨有的；鳥類共有六百五十種，其中有四百五十種是澳大利亞所獨有的。

　　這裡有可愛的喜歡爬樹的無尾熊，有把孩子放在袋子裡能夠跳很遠的袋鼠，以及古老而又十分原始的鴨嘴獸等，從前有些船員甚至聲稱在這附近的海裡看到過漂亮的美人魚。

旅行筆記：

考拉

考拉又叫樹袋熊、無尾熊，屬哺乳類中的有袋目考拉

科，分佈於澳大利亞東南部的尤加利樹林區，既是澳大利亞的國寶，又是澳大利亞奇特的珍貴原始樹棲動物。

考拉性情溫順，體態憨厚，以桉樹葉和嫩枝為食，幾乎從不下地飲水，因為牠們能夠從桉樹葉中獲得所需的90%的水分。只在生病和乾旱的時候，牠們才會到別的地方找水喝。

CHAPTER 07

空中花園裡的美麗城市──
不一樣的
城市風景線

My first
Geography storybook

新加坡城：花園城市

　　傳說在很久很久以前，有一位王子在高山上打獵的時候，發現在遠處大海的中間有一座異常美麗的小島。於是第二天，王子便帶著他的部下一起乘船來到了這個小島。當王子一行人登上小島後，忽然有一隻雄獅撲上來要襲擊他們。不過，當雄獅與王子的目光交匯的一剎那，剛剛還張牙舞爪的獅子突然變得異常安靜溫順。王子覺得和這個小島以及島上的生物頗有淵源，於是便留下了來。後來，人們為了紀念這位王子，就把這個小島稱作「獅城」。而這個叫做「獅城」的地方，正是今天東南亞地區的璀璨明珠——新加坡。

　　新加坡南部與印尼隔海相望，北部通過一條長堤與馬來西亞相連。它距離赤道非常近，全年氣候溫暖潮濕，對於喜歡陽光、海灘的人來說真可以稱得上是一個「天堂」。現在的新加坡是一個充滿活力的地方，吸引了世界各地的人前去旅遊或者定居。各地的人都保留了自己民族的特色，同時也包容了其他民族的傳統，所以這裡每個月都會有不同的節日，甚至有人說，無論你來自世界上的哪

一個國家，都能在這裡找到屬於自己的節日。除了傳統節日，新加坡還有很多國際盛會，比如三月的時尚節、四月的世界名廚高峰會、六月的藝術節、七月的美食節，等等。

除了多姿多彩的人文景觀，新加坡的自然景觀也是美不勝收，是一個旅遊度假的好地方，因此又有「花園城市」的美稱。

旅行筆記：

魚尾獅

魚尾獅是一種虛構的魚身獅頭的動物，是在1964年由時任新加坡範克里夫水族館館長的布侖納先生所設計，兩年後被新加坡旅遊局採用作為標誌，一直沿用到1997年。在這期間，魚尾獅已成為新加坡的代表。

魚尾獅像坐落於市內新加坡河畔，高8.6公尺，重70噸，獅子口中噴出一股清水。在魚尾獅像背面的一小塊場地有四塊石碑，碑文講述了魚尾獅的故事。大魚尾獅附近還建有一座小魚尾獅像，它高2公尺、重3噸，獅身由混凝土製作，表面覆蓋上陶瓷鱗片，而眼睛則是紅色的小茶杯。

香港：去迪士尼樂園遊玩

　　在大人眼中，香港被稱為世界金融中心，是一個繁華的國際大都市。但是最早的時候，香港和金融可以說是一點兒關係都沒有。最初的香港只是一個小漁村，隸屬於廣東省東莞。東莞盛產一種由古蜜香樹的液汁凝結而成的香料，這種香料叫做莞香，當時運輸香料都是先把莞香集中到這個小漁村，再用船運出，遠銷各地，後來這個小漁村就被稱為香港，這就是「香港」這個名字的由來。

　　香港除了擁有天然的深水港外，其他資源很少，因此香港的發展主要依靠服務業、旅遊業等不需要耗費資源的產業。因此，在孩子眼中，香港最吸引人的地方恐怕要數迪士尼樂園了。香港的迪士尼樂園是全球第七個迪士尼樂園，這裡不僅是孩子們的天堂，也是很多大人尋找快樂的理想之地。如果你有機會去香港，一定要和爸爸媽媽一起去迪士尼樂園看一看。

　　香港還是購物者的天堂，因為香港是個自由港，大部分商品都不收取關稅，價格相對的也會便宜很多，所以吸引著大批年輕人前來購物。香港有來自世界各地的人，自

然也有來自世界各地的美食，因此在這裡，你可以在一天之內將各國美食一網打盡。

香港人用自己的勤勞和智慧，將自己的家園從一個不起眼的小漁村變成了一個國際化的大都市，這不得不令我們萬分欽佩。

旅行筆記：

迪士尼樂園

迪士尼樂園是由華特·迪士尼公司創立與運營的一系列主題樂園與度假場所，於1955年開幕，此後在美國和其他國家又陸續開了5家，分別位於美國加利福尼亞州、佛羅里達州，法國巴黎，日本東京和香港。

迪士尼樂園2005年9月12日在香港開始運營。

哥本哈根：小美人魚的家鄉

「小美人魚就化作泡沫消失了……」相信每個讀過《海的女兒》的人都會為小美人魚淒美的結局而唏噓感歎一番。小美人魚的故鄉就是丹麥的首都哥本哈根，而哥本哈根的標誌之一，就是那尊根據安徒生的童話故事《海的女兒》塑造的「美人魚像」。

哥本哈根是一個到處充滿浪漫色彩的童話之鄉，除了美人魚像，這裡還擁有眾多的講述著神祕故事的青銅雕塑。相傳古時候的丹麥曾經遭受「魔劫」，女神吉菲昂下凡，為了將丹麥從海裡拉回來，她將自己的四個兒子變成了四頭牛。這座青銅雕像位於趣伏裏公園，雕像中的女神揮舞長鞭，髮辮在風中揚起，表情果敢，她駕馭的四頭強壯的牛正竭力向前。哥本哈根的每座雕像都有一個引人入勝的故事，這些故事和雕像讓哥本哈根充滿了神祕和浪漫的氣息。

由於受到童話的影響，哥本哈根人崇尚大自然，充滿了童趣。他們的旅遊廣告畫是鴨媽媽領著小鴨過馬路的故事，畫中的員警阻斷交通讓牠們安全通過。有一些哥本哈

根人連蒼蠅都不會去打，因為他們覺得蒼蠅同樣有生存的權利。

　　安徒生博物館也坐落在哥本哈根，這座博物館位於市政大廳側面，整個建築的設計極富想像力，裡面存放著《海的女兒》、《賣火柴的小女孩》、《皇帝的新裝》等童話故事書籍。你可以選擇一個童話故事，按下按鈕後就可以聽到丹麥語、英語或德語講述的童話故事。

旅行筆記：

安徒生

　　安徒生（1805-1875）是丹麥19世紀著名童話作家，也是世界文學童話創始人。他生於歐登塞城一個貧苦的鞋匠家庭，童年生活貧苦，早年在慈善學校讀過書，當過學徒工。受父親和民間口頭文學影響，他自幼酷愛文學。11歲時父親病逝，母親改嫁，與奶奶相依為命。為追求藝術，他14歲時隻身來到首都哥本哈根。1835年開始寫童話，他最著名的童話故事有《小錫兵》、《冰雪女王》、《拇指姑娘》、《賣火柴的小女孩》、《醜小鴨》、《紅鞋》等。

紐約：最繁華的國際大都會

　　紐約位於紐約州的南部，「紐約」的名字是來自於英國一個被稱為約克的地方。當年，英國移民來到美國後，就將這裡稱為「新約克」。

　　紐約一詞則是「NewYork」的中文音譯。今天的紐約當然要比當年的新約克要大得多。它現在已經是美國的經濟金融中心，聯合國總部的所在地，是最重要的世界級城市。

　　紐約城裡有一個著名的島，它被印第安人稱為「曼哈頓」。據說最早的時候白人只用了價值24美元的物品就從印第安人手上買下了這個島，但時至今日，曼哈頓的一小塊土地都比當時全島的價格要高得多。

　　美國最大的500家企業中，1/3以上的公司都選擇把總部設立在曼哈頓。尤其著名的是位於曼哈頓南部的華爾街，這裡是美國財富和經濟實力的象徵。

　　整個曼哈頓有超過5500棟高樓大廈，其中有30多座高度超過了200公尺，是世界上摩天大廈最集中的地區，紐約也因此被稱為「站著的城市」。

曼哈頓島附近還有兩條世界聞名的街道，分別是百老匯大街和第五大道。

雖然世人皆知紐約地價昂貴異常，但是紐約還是有兩個很大的公園供人們休閒娛樂，這就是中央公園和布朗克斯公園。中央公園因占地面積大而為人熟知，布朗克斯公園則因各種珍奇罕見的動物而聞名遐邇。

紐約的城市地標是自由女神像，這座雕像是法國人民為紀念法國大革命期間美法兩國建立的深厚友誼而送給美國人民的禮物。

現在的自由女神像已經成為美國自由和平等的象徵，每天迎接著無數為了追求美好生活而來到美國尋找「美國夢」的各國移民。

旅行筆記：

自由女神像

聞名世界的自由女神像被譽為美國的象徵。它高高地聳立在紐約港口的自由島上，象徵著美國人民爭取自由的崇高理想。

創作這一藝術傑作的是19世紀後期的一位才華橫溢的雕塑家，他的名字叫弗雷德里克・奧古斯特・巴托爾

迪。1865年，巴托爾迪在別人的提議下，決定塑造一座象徵自由的塑像。1876年由法國人民捐款，作為法國政府送給美國政府用來慶祝美國獨立100周年的禮物。

　　1984年，它被列入《世界遺產名錄》。自由女神手持火炬，矗立在紐約港入口處，迎來了自19世紀末以來到美國定居的千百萬移民。

東京：亞洲第一大城市

　　如今，東京是日本的首都，是亞洲第一大城市，世界第二大城市。

　　可是，500多年前，東京還是一個人口稀少的小漁村，當時叫作江戶。1457年，一位名叫太田道灌的武將在這裡構築了江戶城。此後，這裡便成了日本關東地區的商業中心。

　　1603年，日本建立了中央集權的德川幕府，來自日本各地的人集中到這裡，江戶城迅速發展成為全國的政治中心。據記載，19世紀初，江戶的人口已超過百萬。1868年，日本明治維新後，天皇由京都遷居至此，改江戶為東京，定都東京。

　　1943年，日本政府頒佈法令，將東京市改為東京都，擴大了它的管轄範圍。

　　東京經濟發達，素有「東京心臟」之稱的銀座是東京最繁華的商業區，它與巴黎的香榭麗舍大道、紐約的第五大道並列為世界三大繁華中心。

　　澀谷則很受女孩子的歡迎，因為這裡出售的服裝和飾

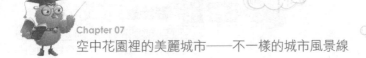

品是日本最流行的，可以說澀谷的服裝風格是整個日本乃至全亞洲的潮流風向標。

在東京，你還可以看到世界第一高塔——東京塔。它建於1958年12月，打敗了巴黎的埃菲爾鐵塔成為第一高塔，但它的建築材料只有埃菲爾鐵塔的一半，而且具有很強的防風抗震性。在塔身150公尺處有一個瞭望台，在這裡，你可以俯瞰整個東京，就連西邊美麗的富士山也可盡收眼底。

日本最著名的賞櫻勝地上野公園也坐落在東京，每年櫻花開放的時候，這裡都會舉行櫻花祭。花季到來時，粉紅色的櫻花綿延不斷，花瓣隨風輕落，景象十分美麗壯觀。

旅行筆記：

澀谷

澀谷位於日本東京，全稱澀谷區，與銀座、新宿、池袋、淺草同為東京著名的繁華區。這裡是公認的年輕人的街區，每條街、每個地段各有自己的特點。面向年輕人的時尚服飾店、速食食品店和遊藝中心等鱗次櫛比，作為年輕人時尚的發源地尤其引人矚目。無論白天還是夜晚，這

裡總是聚集著大多為十幾歲的青少年，熱鬧的場面能讓人深切地體會到現代日本的氣息。

走出年輕人的群體，澀谷同樣擁有平靜與高層次的區域——松濤。

在這裡，可以發現諸多文化村、文化綜合區、演出「能樂」的觀世能樂堂劇院以及松濤美術館和收藏精美瓷器的戶粟美術館等等。

倫敦：英國女王居住的城市

　　早在3000多年前，倫敦地區就已經有人居住了。經過幾百年的發展，倫敦現在已經成為英國的第一大城市和第一大港，與美國紐約、法國巴黎和日本東京並列為四大世界級城市。倫敦是英國的政治中心，王室、政府的所在地。白金漢宮是英國王室的府邸，白金漢宮是一個四層樓的正方形建築，宮內有600多間房間，包括音樂廳、宴會廳、畫廊等。另外，宮內還有一片廣闊的花園，花園內各色花朵競相開放，風景優美。如果王室的旗幟高高飄揚在宮殿中央，那代表著女王在宮中。

　　很久以前，倫敦曾發生過一場幾乎毀滅整個城市的大火災。火災之後，倫敦城裡一片廢墟。當時，有一個叫克里斯多夫‧雷恩的人慷慨地拿出了許多錢，幫助人們重建了這座城市。在這次重建過程中，倫敦人建造了許多宏偉的教堂和其他漂亮的建築，比如那座著名的有著大圓頂的建築──聖保羅教堂就是那時建造的。但遺憾的是，很多當時建成的美麗建築都在第二次世界大戰的炮火中化作灰燼。倫敦的許多建築在經歷了大火與戰爭之後都消失了，

但是，有一座建築卻幸運地躲過了這兩次災難，它就是倫敦塔。現在，它依然矗立在在倫敦泰晤士河北岸。

除了倫敦塔外，倫敦還有一個收藏家的天堂，它就是全世界最大的博物館——大英博物館，這裡收藏有來自世界各地的寶物。此外，倫敦還有著名的威斯敏斯特大教堂，這個教堂自建成後一直是英國國王或女王加冕以及王室成員舉行婚禮的地方。很多名人的墓地也在威斯敏斯特大教堂中，包括我們非常熟悉的牛頓、達爾文、狄更斯等。

旅行筆記：

倫敦為何被稱為霧都

倫敦是溫帶海洋性氣候，又受西風帶的影響，因此市區常常彌漫著潮濕的霧氣；加上20世紀初期，倫敦人大多用煤作燃料而產生大量的煙霧。兩種煙霧交疊在一起，使倫敦常年被霧氣籠罩著，因而「霧都」之名也就在世界各地傳播開了。這些煙霧使很多倫敦人患上了「倫敦病」，對健康極為不利。20世紀50年代起，倫敦政府禁止部分地區使用產生濃煙的燃料，這項措施到現在已經頗見成效，倫敦的空氣品質已經明顯好轉。

巴黎：世界上最美麗的城市

　　法國的首都巴黎是法國最大的城市。這座城市是許多人心目中最美麗的城市。很多人只要一看見漂亮的城市，就會不由自主地說：這裡真像巴黎啊！但是卻很少有人說，巴黎像其他美麗的城市。

　　在世界上還沒有「法蘭西」的時候，便已有了巴黎。不過那時候的巴黎還只是塞納河一個小島上的漁村，現在的巴黎已經是世界上最大的城市之一。如今，塞納河從巴黎城中悠然而過，人們把塞納河的北岸稱為「右岸」，把南岸稱為「左岸」。現在，「左岸」已經不僅僅代表一個地理位置，它已然成為藝術青年的代名詞。

　　塞納河的一個小島上有一座著名的大教堂，它就是為紀念聖母瑪利亞而修建的巴黎聖母院。在巴黎聖母院前面有一座像「直指天堂的手指」那樣長長的塔尖；教堂的後面有許多被稱為扶壁的石柱，它們就像巨大的臂膀支撐著這座教堂；在教堂的屋頂環繞著很多奇怪的石製動物。這些動物大多體型龐大，而且長相怪異。這些石頭也被稱為「怪獸飾」。人們相信這些怪獸飾可以把邪惡的靈魂趕

跑。

　　法國曾經是君主制國家，昔日的王室宮殿今天依然立在塞納河畔，但是現在的法國實行共和制，華麗的宮殿裡不再有國王。於是，這些宮殿被改造成了博物館、藝術館或圖書館，其中最著名的一座博物館是收藏了很多著名畫作和雕塑的羅浮宮。

　　塞納河畔矗立著眾多知名建築，但最顯眼的恐怕是埃菲爾鐵塔。埃菲爾鐵塔的高度有1000英尺左右。你在世界上再也找不到哪一座塔有埃菲爾鐵塔這麼高。遠遠望去，埃菲爾鐵塔就像一個頂天立地的巨人一樣，高大威武。而支撐著埃菲爾鐵塔的四根鐵柱就像是巨人長出了四條大腿一樣。

旅行筆記：

塞納河

　　塞納河，是法國北部大河，全長780公里，它是歐洲有歷史意義的大河之一，巴黎是在該河一些主要渡口上建立起來的。塞納河上的西岱島，是法蘭西民族的發祥地。西元前300年時，島上居住著一個民族，名叫巴黎西族。巴黎市由此得名。

布魯塞爾：歐洲的首都

　　布魯塞爾是比利時的首都，同時也是「歐盟」總部所在地，所以布魯塞爾被稱為「歐洲的首都」。

　　在比利時首都布魯塞爾中心廣場附近的埃杜弗街口，有一座引人注目的撒尿小童銅雕像。雕像中的這個孩子頭髮蓬鬆，鼻子翹翹的，光著身子，笑眯眯地站在一個約2公尺高的大理石雕花台座上，旁若無人地在撒尿。他的「尿」像涓涓細流，長年不息地澆注在下面的水池裡，天真活潑的姿態與栩栩如生的神態無不令人稱奇，這就是被比利時人民稱譽為「布魯塞爾第一市民」的小於連。

　　原子球塔是布魯塞爾舉辦世界博覽會建造的紀念性建築物，是一個放大了1650億倍的 α 鐵的晶體結構。這個原子球塔共有9個球，最高的球離地有102公尺，球與球之間有電動扶梯供遊人上下。在原子球塔旁邊，有一座迷你歐洲公園，裡面集中了歐洲著名建築物1/25的縮微品，如有2公尺多高的比薩斜塔，比孩子還矮的荷蘭風車……等等。

　　布魯塞爾還是一座漫畫之城，這裡誕生了許多有名的

漫畫作品，如《丁丁歷險記》、《幸運的路克》，等等。
到當地的漫畫博物館逛上一圈，就可以對比利時的漫畫有
一個較為系統的瞭解了。

 旅行筆記：

比利時漫畫博物館

　　比利時漫畫博物館處在布魯塞爾大廣場附近的一條不
起眼的巷子裡，這裡除了陳列比利時最著名的卡通人物丁
丁、藍精靈以外，還有其他超過670位卡通畫家的作品。

　　漫畫博物館共有3層。第一層向參觀者介紹漫畫是如
何產生的；第二層介紹的是從20個世紀初到20個世紀60
年代比利時最活躍的漫畫家；第三層的名稱是「比利時現
代漫畫博物館」，有上百件展品，概括了20個世紀60年
代到90年代比利時漫畫的發展情況。

羅馬：永恆之城

「條條大路通羅馬」，這句古諺語不僅反映出古羅馬交通的便利，而且從一個側面反映了當時羅馬帝國的強盛。羅馬帝國自建立以來，一直對外擴張，是一個具有侵略性的古代超級大國。

從西元前753年4月21日羅馬建城至今已有2700多年的歷史，羅馬人驕傲地稱呼羅馬為「永恆之城」。羅馬的城徽圖案是母狼哺育嬰兒，這是因為人們認為羅馬的創建人羅穆盧斯是母狼餵養大的。

現在的羅馬是義大利的首都，是義大利政治、歷史和文化中心，是世界著名的旅遊城市之一。漫步羅馬街頭，歷史遺跡隨處可見，所以羅馬也被人們親切地稱為「露天歷史博物館」。

在眾多的歷史遺跡中，最著名的要屬古羅馬競技場了。這座古競技場是西元前80年建成的，稱得上是公共建築的楷模。競技場設計了八十個拱門，每個拱門入口處都標有數字，十分便於找到位置，據說可以讓五萬人於十分鐘內坐定。除此之外，角鬥士的入場地、休息處以及專供

死傷者通過的通道等內部設計也極為完備。

　　現在的羅馬主要包括兩個城區，北部的古城和南部的新城，是一座擁有無數現代化建築的城市。在羅馬境內有一個國家——有著世界上最小國家之稱的梵蒂岡。梵蒂岡位於羅馬古城區的西北角，是羅馬教廷的所在地。

旅行筆記：
羅馬的歷史傳說

　　西元前七八世紀，羅馬國王努米托雷被其胞弟阿姆利奧篡位驅逐，其子被殺死，女兒西爾維婭與戰神瑪律斯結合，生下攣生兄弟羅慕洛和雷莫。阿姆利奧把這兩個攣生嬰兒拋入了台伯河，落水的嬰兒被　隻母狼救出並用乳汁餵養成活，後被一獵人養育成人。兩兄弟長大後，殺死了阿姆利奧，並接回外祖父努米托雷，重登王位。努米托雷把台伯河畔的7座山丘贈給他們建新都。後來，羅慕洛私定城界，殺死了雷莫，並以自己名字命名新城為羅馬。這一天是西元前753年4月21日，後定為羅馬建城日，並將「母狼乳嬰」的圖案定為羅馬市市徽。

里約熱內盧：森巴舞之都

　　巴西人說，「上帝花了六天時間創造世界，第七天創造了里約熱內盧。可見巴西人對於他們的首都里約熱內盧的美有多引以為豪。

　　不過一般人提到里約熱內盧，首先想起的並不是它旖旎的風光，而是狂歡節。很多國家都有狂歡節，但論規模之大，氣氛之熱烈，就要首推巴西，而在巴西各個城市中，又以里約熱內盧最為著名。每年狂歡節期間，里約熱內盧大街小巷張燈結綵，城中男女老少個個濃妝豔抹，傾城而出，如潮水般湧向街頭，跳起熱情的森巴舞。人們在熱情奔放的音樂節奏中劇烈地抖動身體，雙腳飛快地移動、旋轉，森巴舞者曼妙的舞姿讓人眼花繚亂。盛大的化裝遊行將節日歡慶活動推向高潮，彩車簇擁著選舉產生的「國王」、「王后」為遊行隊伍開路，遊行中到處都是魔鬼、天使、美女等各種奇形怪狀打扮的人，令人眼花繚亂目不暇給。而觀眾則會為自己喜歡的人物投去鮮花和彩帶，就連遊客也會情不自禁地加入到狂歡的人群當中。華麗的服飾、勁爆的音樂、火辣的森巴舞淋漓盡致地展現了

巴西人熱情奔放的民族性格。

除了熱情火辣的森巴舞，巴西對足球的熱愛也舉世皆知。街頭、海灘，隨處可見一群群在踢足球的少年。對於從里約熱內盧走出的世界級球星，當地人會如數家珍般一一列舉給你聽。里約熱內盧還有世界上最大的足球場——馬拉卡納體育場，能容納10.5萬觀眾。在球場的入口處還有羅納爾多、羅納爾迪尼奧、里瓦爾多等球星留下的大腳印。

旅行筆記：

森巴舞

森巴舞起源於非洲，「桑巴」一詞據說從非洲的安哥拉第二大部族基姆本杜語中的「森巴」演變而來。「森巴」原是一種激昂的肚皮舞，顧名思義就是以上下抖動腹部、搖動臀部為主要特徵。

森巴舞是巴西的國舞。在這個拉丁美洲最大的國度，森巴舞可以說是寸步不離人們的生活：在這裡不分男女老幼，平時跳，節假日更跳；在舞臺上跳，在大街上也跳；白天跳，晚上也跳。每當熱情的音樂聲起，人們總是激情難抑，不禁扭腰擺臀，跳起森巴舞，如醉如癡。

華盛頓：美利堅的心臟

　　華盛頓的正式名稱為「華盛頓‧哥倫比亞特區」，是以美國開國元勳喬治‧華盛頓和發現美洲新大陸的哥倫布的名字命名的，是美國的首都。就像北京是中國大陸的心臟一樣，華盛頓是「美利堅的心臟」。

　　華盛頓的建成有一段曲折的歷史。美國建立後，南北雙方對首都的選址問題發生了激烈的爭吵，北方希望定都紐約，而南方則建議選擇南方的一個城市作為首都。最終，南北雙方都做出了讓步，他們決定共同規劃一個面積100平方英里左右的菱形區域作為首都，而具體的位址就由當時的總統華盛頓選定。結果，華盛頓選擇了波多馬克河畔長寬各為16公里的地區作為首都新址，同時還建議將其命名為「聯邦市」。不過，在新都尚未完工時，華盛頓就去世了。為了紀念他，美國人就將這個新建的首都定名為「華盛頓」。

　　法國工程師皮埃爾‧夏爾‧朗方是華盛頓的總體規劃師和設計師，不過當時的規劃是以馬車為基本交通工具設計的，所以華盛頓的道路並不太適合現代的交通系統。目

前，華盛頓被認為是美國道路交通條件最差的城市。不過，這並沒有對華盛頓政治中心的地位造成影響，白宮、國會大廈、最高法院以及大多數的政府機構仍然設立在這裡。國會大廈是一座乳白色的建築物，被建在全城的最高點上，而它所在的位置也被稱為「國會山」，是華盛頓的象徵。白宮是華盛頓之後歷任美國總統辦公和居住的地方，南面的草坪就是我們經常在電視上看到的「總統花園」，是美國總統用來舉辦歡迎貴賓儀式的地方。

旅行筆記：

喬治‧華盛頓

喬治‧華盛頓是美國首任總統（1732～1799年），美國獨立戰爭陸軍總司令。1789年，當選為美國第一任總統，1793年連任，在兩屆任期結束後，他自願放棄權力不再續任，隱退於弗農山莊園。由於他扮演了美國獨立戰爭和建國中最重要的角色，故被尊稱為美國國父，學者們則將他和亞伯拉罕‧林肯、佛蘭克林‧羅斯福並列為美國歷史上最偉大的總統。

雅典：歐洲文明的發源地

　　希臘首都雅典是公認的歐洲文明的發源地，被譽為「西方文明的搖籃」和民主的起源地，是馳名世界的歷史文化名城。

　　在雅典建成時，雅典娜和波塞冬為了成為它的守護神爭鬥不已，最終他們達成協議：誰能為人類提供最有用的東西，誰就將成為該城的守護神。波塞冬用三叉戟敲擊地面變出了一匹戰馬，雅典娜變出了一棵橄欖樹。橄欖樹是和平與富裕的象徵，而戰馬則被認為是戰爭與悲傷的代表，結果這場爭鬥以雅典娜的勝出結束，這座城市也因此被命名為雅典，表示是由雅典娜守衛著的城市。

　　雅典衛城是雅典甚至全希臘都為之自豪的一顆明珠，它象徵著雅典的民主。衛城海拔156公尺，從雅典市的各個方向都能看到，但是由於地理位置的影響，只能從西側登上雅典衛城。雅典衛城薈萃了希臘最傑出的古建築，現存的主要有派特農神廟、伊瑞克提翁神廟和埃雷赫修神廟，其中派特農神廟是西方文明的象徵。

　　雅典是西方哲學的發源地。蘇格拉底和他的學生柏拉

圖，以及柏拉圖的學生亞里斯多德並稱為「希臘三賢」。
此外，雅典還是體育界的盛會——奧運會起源的地方，這
裡曾經舉辦過第一屆和第二十八屆夏季奧運會。

旅行筆記：
奧運會的起源

　　西元前776年，位於希臘南部的伯羅奔尼薩斯島的統
治者伊菲圖斯努力使宗教與體育競技合為一體。他不僅革
新宗教儀式，還組織大規模的體育競技活動，並決定每
四年舉行1次，時間定在閏年的夏至之後。因此，西元前
776年的古代奧林匹克運動會被載入史冊，成為第一屆古
代奧運會。當時僅有一個比賽專案——距離為192.27公尺
的場地跑。

　　這一時期各城邦之間雖有紛爭，但希臘是一個獨立的
國家，政治、經濟、文化都較發達，是運動會的黃金時
期。特別是西元前490年，希臘在馬拉松河谷大敗波斯軍
之後，民情奮發，國威大振，興建了許多運動設施、廟宇
等，參賽者遍及希臘各個城邦，奧運會便盛極一時，成為
了希臘最盛大的節日之一。

開普敦：海上客棧

　　開普敦是歐洲裔的白人在南非建立的第一座城市，是南非白人心中的「母城」。這座城市300年來數次更換主人，經歷了荷、英、德、法等歐洲國家的統治，成為一個地處非洲卻充滿著歐洲文化色彩的獨特城市，因此它也成為南非最受歡迎的觀光城市。被譽為「上帝餐桌」的桌山以及印度洋和大西洋的交匯點的好望角都是開普敦的著名旅遊景點。

　　開普敦開始與歐洲聯繫在一起是在1652年。當時，荷蘭船長贊‧範里貝克與其他荷蘭東印度公司的職員被派到這裡，建立為遠航亞洲的船隻提供補給的中轉站，他們的船隻於1652年4月6日抵達。到達後，他們很快便在這裡建起駐紮點、菜園和果園，將桌山上清新河中的水引下來作為灌溉用水，並用種植的農作物與原住民交換綿羊和牛犢。此外，桌山兩邊的森林也為興建房屋和船隻提供了木料。就這樣，開普敦成為一個專門為海上遠航船隻補給的「海上客棧」。

　　除了人文景觀，開普敦的自然景觀也優美異常。開普

敦不但擁有美麗的白沙灘，布魯堡的海灘更是衝浪和風帆運動的熱門地點，每年9月至次年2月到這裡衝浪的旅客非常多。

旅行筆記：

開普敦羅本島

若干年來，羅本島這個名字一直是與南非的反種族隔離鬥爭聯繫在一起的。許多著名的反種族隔離的激進主義分子，包括南非前總統曼德拉，都曾被囚禁在這裡。

羅本島是南非西開普省桌灣中的一座島嶼，曾試圖在此建立居民點，後成為流放地。該島也曾成為麻風病人的收容所，精神病患者也被送到這裡。自20世紀60年代中期到1991年，羅本島為南非最大的祕密監獄。1996年，監獄停用，1997年正式改為對外開放的博物館，1999年被聯合國教科文組織列為世界遺產保護區。

坎培拉：精心設計出來的首都

　　提起澳大利亞的城市，絕大多數人第一個想到的就是悉尼，並且還有很多人誤以為悉尼就是澳大利亞的首都。實際上，澳大利亞的首都並不是悉尼，而是另外一座城市──坎培拉。

　　與那些經過殖民統治或者由於風景優美而發展起來的城市不同，坎培拉是一座經過精心設計之後而建立的城市。1901年，澳大利亞聯邦政府成立以後，悉尼和墨爾本兩大城市因為定都問題爭吵不休，這種情況一直持續了八九年。最終政府透過決議，在兩個城市之間選一個地方建立新首都。

　　在考察了23個地區之後，議會選擇了坎培拉這片土地作為首都的建設地點。

　　為了建設新首都，澳大利亞聯邦政府主持了一次世界範圍內的城市設計比賽，最終選擇了美國著名風景設計師沃爾特‧伯里‧格里芬的設計方案。這份設計方案是他和同是設計師的妻子共同畫在一塊棉布上的，這塊珍貴的棉布至今保留在澳大利亞國家檔案館。

坎培拉的城市設計新穎，環形及放射狀道路將行政、商業、住宅等不同的功能區域有系統地分開。

世界上的城市基本上是用公園來點綴城市，而坎培拉完全就是一個建在花園中的城市。坎培拉市中央有一個11公里長的湖，看上去似乎是天然形成的。但是實際上，這是一個人工湖，是設計師格里芬引以為豪的設計中一個重要的部分。

為了紀念這位偉大的設計者，這個湖被命名為「格里芬湖」。現在的格里芬湖中有一個噴泉，是為了紀念庫克船長上岸200周年建造的紀念噴泉，噴泉的水柱高達140公尺。

坎培拉風景宜人，樹木蔥郁，周圍如星星般散落著澳大利亞迷人的鄉村風景，是個與眾不同的花園城市。

旅行筆記：
坎培拉國會大廈

位於澳大利亞首都坎培拉的中心的坎培拉國會大廈是世界上最著名的建築之一，建於國會山頂上，以大量使用磚石和優質木材，及收藏包括世界上最大的掛毯在內的藝術精品為特色。

　　國會大廈占地32公頃，地上建築有6層，底層為停車場，圓形的花崗岩外牆與國會山的形狀配合得天衣無縫，整個建築的核心是轟立在大廳頂上的不銹鋼旗杆，高達81公尺，直插雲霄。

　　此外，國會大廈每隔30分鐘還為遊客提供免費導遊，使遊客更進一步瞭解其中的奧祕。

CHAPTER 08

萬花筒中看世界——好玩的民俗風情

My first
Geography storybook

毛利人真的是食人族嗎

在很多的傳說和故事中經常都會提到這樣一群人，他們會把人吃掉，每當我們聽到這樣的故事，都會感到毛骨悚然。世界上是不是真的有食人族呢？答案是肯定的，世界上曾經有過食人族。

澳大利亞東南面是新西蘭，在新西蘭的北部生活著一群土著居民，他們叫做毛利人。毛利人就是著名的食人族，當然現在的毛利人已經不再吃人。但在古代，毛利人會把戰俘吃掉以示威嚴。現在毛利人雖然不再吃人了，但是在毛利人的表演中，依然會展示食人前的儀式，因為這對毛利人來說是他們為自己驍勇善戰的祖先感到自豪。

有意思的是，毛利人也曾經將歐洲的白人們當成食人族。毛利人以為白人是食人族的原因很簡單，因為他們看到自己的親人朋友被白人帶走，卻再也沒有回來，就認為白人把他們都吃了。事實上，那些人是被當成奴隸賣到了歐洲。

毛利人是一個能歌善舞的民族。他們的音樂明朗愉快，舞蹈也十分熱鬧歡暢。同時毛利人還十分擅長木雕，

他們可以在任何事物上進行雕刻，無論是獨木舟、村的入口處還是集會場的周圍都可以看到風格獨特的毛利人雕塑作品。

百科之窗：
毛利人的碰鼻禮

毛利人是新西蘭的少數民族，他們屬於蒙古人種和澳大利亞人種的混血後代。他們皮膚偏黃，有自己的信仰和獨特的風俗。毛利人有一種禮儀是舉世聞名那就是「碰鼻禮」。

在毛利語中「碰鼻禮」的原意是「洪吉」。它表達了主人對客人的誠摯歡迎，在做碰鼻禮時，客人要與主人的鼻子尖互相觸碰上兩三次。儘管毛利人沒有規定鼻子觸碰的時間，但是在毛利人的觀念中，碰鼻子的時間越長，則表示越熱情越友好。

永不會獵殺大象的國家

在印度，如果有人殺了一隻大象，將會受到嚴厲的處罰。因為在印度，大象是神聖的動物，誰都不可以射殺它。因此，在捕捉大象時，人們想辦法將牠活捉，而不能傷害牠。印度人發現野生大象時，會先設好圈套，然後在大象周圍製造很大的噪音。大象非常討厭噪音，當牠聽到很人們製造的刺耳聲響時就會來回走動。這樣一來，牠稍不注意就會走進人們設好的圈套中。

當大象走進圈套時，人們會先用圍欄把牠圍住，再想辦法把牠抓住。這項工作非常有危險，一個不小心，就會被大象踩死。不過大象是非常溫順的動物。一旦被馴服後，牠就會為人們做很多的事。比如，牠會用自己的長鼻子捲起人們無法拿起的重物，幫助人們運送物資。

百科之窗：

印度人的特殊習慣和禁忌

印度人有很多獨特的習慣和禁忌。印度人在聊天時，

頭常會向左或右點一下，表示「沒問題」的意思。當地人習慣以橋樑、寺廟、市集等作地標，所以印度大部分地區都沒有門牌位址。印度人習慣右手抓飯吃，左手放在背後。印度人最忌諱用左手傳遞物品。印度人認為頭部是神聖的，所以不要輕易摸一個印度人的頭。進入宗教寺廟和古蹟都必須脫鞋，最好也不要穿短褲或短裙。

放鞭炮，掛燈籠，驅「年」跑

農曆的正月初一是春節。也叫農曆年，俗稱過年，是中華民族富有特色的傳統節日。它代表農曆舊的一年結束。

關於過年的由來，民間有這樣一種傳說。古時候有一種叫「年」的怪獸，頭長尖角，兇猛異常，「年」獸長年深居海底，每到除夕，爬上岸來吞食牲畜傷害人命，因此每到臘月三十，村村寨寨的人們扶老攜幼，逃往深山，以躲避「年」的傷害。

某一年的臘月三十，鄉親們都忙著收拾東西逃往深山，這時候村東頭來了一個白髮老人，白髮老人對一戶老婆婆說，只要讓他在她家住一晚，他一定會將「年」獸驅走。眾人不信，老婆婆勸白髮老人還是上山躲避為好，老人持續留下，眾人見勸他不住，便紛紛上山躲避去了。

當「年」獸像往年一樣準備闖進村裡肆虐的時候，突然傳來白髮老人燃響的爆竹聲，「年」獸渾身顫慄，再也不敢向前湊了，原來「年」獸最怕紅色，火光和炸響。這時大門大開，只見院內一位身披紅袍的老人哈哈大笑，

「年」獸大驚失色，倉皇而逃。

　　第二天，當人們從深山回到村裡時，發現村裡安然無恙，這才恍然大悟，原來白髮老人是幫助大家驅逐「年」獸的神仙，人們同時還發現了白髮老人驅逐「年」獸的三件法寶。從此，每年的除夕，家家都貼紅對聯，燃放爆竹，戶戶燈火通明，守更待歲。這風俗越傳越廣，成了當今間最隆重的傳統節日「過年」。

百科之窗：
除夕：晝夜交替，除舊佈新

　　農曆一年最後一天的晚上，即春節前一天晚，因常在夏曆臘月三十，故又稱該日為年三十。除是除舊佈新。一年的最後一天叫「歲除」，那天晚上叫「除夕」。除夕人們往往通宵不眠，叫守歲。蘇軾有《守歲》：「兒童強不睡，相守夜歡嘩。」除夕是我國傳統節日中最重大的節日之一。除夕這一天，家裡家外不但要打掃得乾乾淨淨，還要貼門神、春聯、年畫、掛門箋，人們則換上帶喜慶色彩和圖案的新衣。

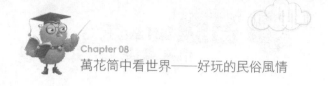

與火雞結緣的感恩節

感恩節是北美洲獨有的節日，始於1621年。

據記載，17世紀初，英國的清教徒遭到迫害。1620年9月，102名清教徒登上「五月花」號帆船，於12月26日到達了北美洲的普利茅斯港，準備開始新的生活。然而，這些移民根本不適應當地環境，第一年冬天過後，只有50人倖存。第二年春天，當地印第安人送給他們很多必需品，並教會他們如何在這塊土地上耕作。這一年秋天，移民們獲得了大豐收，11月底，移民們請來印第安人共用玉米、南瓜、火雞等製作成的佳餚，感謝他們的幫助，感謝上帝賜予了一個大豐收。自此，感恩節變成了他們直至後來美國的固定節日。

1863年，美國總統林肯將它定為國家假日，並且規定每年11月的第四個星期四為美國的感恩節。感恩節有四天假期。時值長假，很多人都會趕回家慶祝佳節，所以，美國感恩節的熱鬧程度絕不亞於我們的中秋節。

火雞是感恩節的傳統主菜，通常是把火雞肚子裡塞上各種調料和拌好的食品，然後整隻烤出，由男主人用刀切

成薄片分給大家。此外,感恩節的傳統食品還有甜山芋、玉蜀黍、南瓜餅、蔓越莓果醬等。

百科之窗:

總統放生火雞儀式

在美國,總統放生火雞是感恩節的重要習俗儀式。這一儀式可以追溯到美國內戰時期,當時黨政的總統是林肯。1863年的一天,林肯的兒子泰德突然闖進內閣會議,請求林肯赦免一隻寵物火雞。這隻火雞名叫傑克,馬上就成為人們的聖誕大餐了,林肯答應了泰德的要求。1947年,杜魯門總統當政時期,總統放生火雞成為感恩節重要的儀式。

耶穌誕生的日子

　　每年的12月25日，是基督教徒紀念耶穌誕生的日子，稱為耶誕節。從12月24日到第二年的1月6日為耶誕節假期，是西方國家一年中最盛大的節日。

　　耶誕節是一個宗教節。我們把它當作耶穌的誕辰來慶祝，因而又名耶誕節。這一天，全世界所有的基督教會都舉行特別的禮拜儀式。

　　據基督教的《馬太福音》和《路迦福音》的說法，上帝決定讓他的獨生子耶穌基督投生人間，從羅馬帝國手中和罪惡中拯救以色列。瑪利亞已和木匠約瑟訂婚。可是，在他們同居之前，約瑟發現瑪利亞已懷孕。於是約瑟夫想悄悄地和她分手。這時，上帝的天使出現在他的夢中：「把瑪利亞娶回家。她懷的孩子來自聖靈。她將生下個男孩子，你們給孩子取名叫耶穌，因為他將從罪惡中拯救人們。」當瑪利亞臨產的時候，羅馬政府下了命令，全部人民到伯利恒務必申報戶籍。約瑟和瑪利亞只好遵命。他們到達伯利恒時，天色已昏，無奈兩人未能找到旅館借宿，只有一個馬棚可以暫住。就在這時，耶穌要出生了。

　　耶穌的誕生日大約是在2000年前，研究人員透過日曆上的記載，按著假定日期把時間分為西元前和西元後。在西元後的前300年間，耶穌的生日是在不同的日子慶祝的。最後，在西元354年，教堂的領導人把12月25日定為耶穌基督的生日。所以耶誕節在宗教上是基督教徒紀念耶穌誕生的一個重要節日。

百科之窗：

平安夜：傳講耶穌降生的消息

　　平安夜，即聖誕前夕（12月24日），在大部分基督教社會是耶誕節日祝節日之一，目前，已成為世界性的一個節日。全家人會團聚在客廳中，圍繞在聖誕樹旁唱聖誕歌曲，互相交換禮物，彼此分享一年來生活中的喜怒哀樂，表達內心的祝福及愛。傳說，在耶穌誕生的那一晚，一群在曠野看守羊群的牧羊人，突然聽見有聲音自天上傳來，向他們報耶穌降生的好消息。根據聖經記載，耶穌來是要作世人的王，因此天使便透過這些牧羊人把消息傳給更多的人知道。後來人們就效仿天使，在平安夜的晚上到處報人傳講耶穌降生的消息，直到今日，報佳音已經變成耶誕節不可缺少的一個節目。

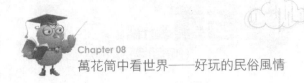
這一天,送給媽媽一束康乃馨

5月的第二個星期日是母親節,這一天,世界各地都舉行慶祝活動,以頌揚母愛的偉大。

古時母親節起源於希臘,古希臘人在這一天向希臘神話中的眾神之母赫拉致敬。在17世紀中葉,母親節流傳到英國,英國人把封齋期的第四個星期天作為母親節。在這一天裡,出門在外的年輕人將回到家中,並送給他們的母親一些小禮物。

現代意義上的母親節起源於美國,由安娜・賈薇絲(1864~1948年)發起,她終身未嫁,一直陪伴著自己的母親。1876年,她的母親安娜・查維斯夫人在禮拜堂講授美國國殤紀念日的課程,講到南北戰爭中捐軀的英雄故事後,她進行祈禱時說:「但願在某處、某時,會有人創立一個母親節,紀念和讚揚美國與全世界的母親。」

查維斯夫人為她的禮拜堂服務超過25年,當她在72歲逝世時,41歲的女兒安娜,立志創立一個母親節,來實現母親多年前祈求的心願。兩年後,她和朋友開始寫信給有威望的部長、商人、議員來尋求支持,以便讓母親節成為

一個法定的節日。

　　1908年5月10日，第一個母親節在西佛吉尼亞和賓夕法尼亞州舉行，在這次節日裡，康乃馨被選為獻給母親的花，並從此流傳下來。

　　1914年5月7日，美國國會透過決議，規定每年5月的第二個星期日為母親節，並在5月9日由威爾遜總統頒佈施行。現在，母親節已經在很多國家流傳了。

百科之窗：
國際父親節：父親也不容易

　　父親節是表達對父親敬意與愛意的節日，在世界各國廣泛流傳。據說第一個提出這種建議的是華盛頓的約翰・布魯斯・多德夫人。

　　多德夫人的母親早亡，其父獨自一人承擔起撫養教育孩子的重任，把他們全部培養成人。1909年，多德夫人感念父親養育之恩，準備為他舉行慶祝活動，同時，想到所有的父親對家庭和社會的貢獻，於是給當地一家教士協會寫信，建議把6月的第三個星期日定為父親節。

　　該協會將建議提交會員討論獲得通過。1910年6月，人們便在此慶祝了第一個父親節。當時凡是父親還健在的

人都在胸前佩戴一朵紅玫瑰花，以表達對父親的敬意；而父親已故去的人，則佩戴一朵白玫瑰花，以此表達對父親的無限懷念和哀思。

直到1934年6月，美國國會才統一規定6月的第三個星期日為父親節。現在越來越多的國家透過教堂儀式、送卡和禮物來紀念父親節。

我國的父親節

民國三十四年，對日抗戰已進入最後階段，由於八年來的抗日戰爭犧牲許多軍人的生命，而其中更有不少人已經當了爸爸。因為戰士們的為國捐軀，讓許多家庭失去了父親，為了感念這些人，在上海的一部分熱心人士，便提出了將「八月八日」定為父親節的建議。臺灣光復後，社會各界的人士認為「父親節」是一個很好的構想，於是便連署建議政府，將這一天明定為「父親節」，這就是我國父親節的由來。另外，會選擇這天或許也是因為取諧音「八八」和「爸爸」很類似的緣故。

六一國際兒童節的由來

　　兒童節，也叫「六一國際兒童節」，每年的6月1日舉行，是全世界少年兒童的共同節日。每當此時，孩子們都興高采烈地歡度著自己的節日。

　　「六一」兒童節源自二戰的一個悲慘的故事。在「二戰」期間，1942年6月，捷克利迪策村16歲以上的男性公民和全部嬰兒遭到了德國法西斯的槍殺，他們還把婦女和90名兒童押往集中營，並燒毀了這個與世無爭的村莊。

　　為了悼念利迪策村和全世界所有在法西斯侵略戰爭中死難的兒童，也為了反對帝國主義戰爭販子虐殺和毒害兒童，保障兒童的權利，1949年11月，國際民主婦女聯合會在莫斯科召開執委會，正式把每年的6月1日定為全世界少年兒童的節日，即國際兒童節。

百科之窗：

女兒節與風箏節

日本的男孩和女孩都有自己的節日。女孩的節日叫做

「女兒節」。在每年的三月三日這一天，每個女孩都會把自己的玩偶整齊地擺出來，開心地玩耍；而男孩子的節日是在五月五日，這一天也叫做「風箏節」。在這一天，每一個家中有男孩的家庭，都會在自家門前豎起一根掛著鯉魚的木杆，這是在告誡男孩子要像鯉魚一樣，逆流而上，遇到困難不要畏縮不前，要勇往直前，成為真正的男子漢。

新娘子為什麼要穿婚紗

　　穿婚紗的習俗可以追溯到西元前10世紀，當時兩河流域就已盛行女子戴頭紗。在古希臘，舉行結婚儀式時不僅新娘要戴亞麻或毛織成的頭紗，而且每對新人都要戴上花冠。到了羅馬時代，不同宗教信仰的人要戴不同顏色的頭紗以示區別。

　　婚禮雖是世界各國自古以來就存在的儀式，但新娘在婚禮上穿婚紗的歷史卻不到200年時間。新娘所穿的下擺拖地的白紗禮服遠是天主教徒的典禮服。由於古代歐洲一些國家是政教合一的國體，人們結婚必須到教堂接受神父或牧師的祈禱與祝福，這樣才能算正式的合法婚姻，所以，新娘穿上白色的典禮服向神表示真誠與純潔。

　　西方19世紀以前，少女們出嫁時所穿的新娘禮服沒有統一顏色規格，直到1820年前後，白色才逐漸成為婚禮上廣為人用的禮服顏色。這是因為英國的維多利亞女王在婚禮上穿了一身潔白雅致的婚紗。從此，白色婚紗便成為一種正式的結婚禮服，如今，有的人不懂婚紗的來歷，自己別出心裁，把新娘的婚紗做成粉紅或淺藍的顏色，以示豔

麗。

　　其實，按西方的風俗，只有再婚婦女，婚紗才可以用粉紅或湖藍等顏色，以示與初婚區別。

百科之窗：
新娘蒙「紅蓋頭」：掀起你的蓋頭來

　　古時候婚禮時，新娘頭上都會蒙著一塊別緻的大紅綢緞，被稱為紅蓋頭，這塊蓋頭要入洞房時由新郎揭開。

　　最早的蓋頭約出現在南北朝時的齊代，當時是婦女避風禦寒使用的，僅僅蓋住頭頂。到唐朝初期，便演變成一種從頭披到肩的帷帽，用以遮羞。據說唐朝開元天寶年間，唐明皇李隆基為了標新立異，有意突破舊習，指令宮女以「透額羅」罩頭，也就是婦女在唐初的帷帽上再蓋一塊薄紗遮住面額，作為一種裝飾物。從後晉到元朝，蓋頭在民間流行，並成為新娘不可缺少的喜慶裝飾。為了表示喜慶，新娘的蓋頭都選用紅色的。

新婚夫婦為何要度蜜月

　　新婚夫妻柔情蜜意，如膠似漆。新婚後的一個月內被稱為「蜜月」。那麼「蜜月」是怎樣來的呢？

　　「蜜月」一詞源於西元前500年的英國。當時的英格蘭還處於較原始的蠻荒社會。在多頓族中流行「搶婚」，即任何一個多頓青年男子都可以搶一個自己中意的姑娘為妻。為了避免這種尷尬，於是不少男子一將妻子搶到手，就迫不及待地攜新人外逃，過一段隱居生活後再回來。然而很多外逃夫妻遊蕩於荒山野嶺之間，食宿都無著落，能夠活著回到家鄉的很少。

　　當時的英國野蜂窩隨處可見，蜂蜜唾手可得，旅途中的人們紛紛吸吮蜜汁來充饑。這一發現逐漸被流傳開來後，搶婚外逃進入山野的青年男女，便紛紛以蜂蜜充當食物，終生廝守。

　　到了西元前4世紀左右，多頓人「搶婚」的風習危及社會秩序，迫使多頓首領不得不作出規定：凡成婚30天以上者，不得捲入搶婚之列，並發給新婚對牌，以備查驗。從此以後，外逃的新婚夫婦多在30天以後自動回到了家

鄉，過上平安的家庭生活。而他們在外面度過靠吸吮蜜汁為生的30天，久而久之就被人們稱為「度蜜月」。

百科之窗：
戴訂婚戒指：「我願意」

有關訂婚、結婚戒指的由來，據說是古代搶婚演繹的結果，當時，男子搶來其他部落的婦女就給她戴上枷鎖。經過多年的演變，枷鎖變成了訂婚、結婚戒指。男子給女子戴戒指表示她已歸我所有。

另一個說法，世界上第一個把戒指當做訂婚信物的人是奧地利王麥士米尼。1477年，麥士米尼在一次公開場合認識了一位叫做瑪麗的公主。她的美麗容貌和優雅舉止使麥士米尼為之傾倒。麥士米尼雖然知道瑪麗早已許婚於當時的法國王儲，但是為了贏得她的愛情，麥士米尼還是決定試試運氣。他命人專門打造了一枚珍貴的鑽石戒指，送給瑪麗。面對這只精雕細刻、閃閃發光的鑽石戒指和麥士米尼的熱烈追求，瑪麗終於改變了初衷，與麥士米尼幸福地結合了。從此，以鑽石戒指作為訂婚信物，便成為西方人士的一種傳統。

真奇怪，蘇格蘭男人也要穿裙子

　　蘇格蘭方格裙起源於一種叫「基爾特」的古老服裝。這是一種從腰部到膝蓋的短裙，用花呢製作，布面有連續的大方格，而且方格要鮮明地展現出來。在蘇格蘭人看來，「基爾特」不僅是他們愛穿的民族服裝，而且是蘇格蘭民族文化的標誌。1707年蘇格蘭與英格蘭合併後，「基爾特」作為蘇格蘭的民族服裝被保留下來。蘇格蘭人穿著這種裙服表示他們對英格蘭人統治的反抗和要求民族獨立的強烈願望。

　　1745年，英國漢諾威王朝鎮壓了蘇格蘭人的武裝起義後，下了英國歷史上著名的「禁裙令」，禁止蘇格蘭人穿裙子，只能以英格蘭的裝束為標準，違背者將被處以監禁或放逐。蘇格蘭人為此展開了長達30多年的鬥爭，最後於1782年迫使漢諾威王朝取消了「禁裙令」，為自己贏得了穿裙的權利。

　　一套蘇格蘭民族服裝包括：一條長度及膝的方格呢裙，一件色調與之相配的背心和一件花呢夾克，一雙長筒針織厚襪。裙子用皮質寬腰帶繫牢，下面懸掛一個大腰

包，掛在花呢裙子前面的正中央，有時肩上還斜披一條花格呢毯，用別針在左肩處別住。

 百科之窗：

脫帽禮：冷兵器時代的產物

在電影裡，我們經常可以看到，西方人無論是走在大街上，還是站在大廳裡，遇到熟人，常常摘下帽子，或者舉一舉帽子表示尊敬。據說，脫帽禮源於中世紀的歐洲。

中世紀的歐洲正處於冷兵器時代，由於作戰時與敵短兵相接，肉搏而戰，頭部容易受到襲擊，因而不得不戴上笨重的盔甲。士兵門到達安全地帶就脫下頭盔以減輕負擔；同時，到別人家裡去，來者為了表示自己不是敵人，就先把頭盔掀開，露出自己的面孔。還有一種說法，武士們和婦女談話，必須把頭盔舉起。這種習慣發展到近代，就成了脫帽禮。

i-smart

智學堂
智慧是學習的殿堂

★ 親愛的讀者您好，感謝您購買 石頭為什麼蹦蹦跳：我的第一本趣味地理人文故事 這本書！

為了提供您更好的服務品質，請務必填寫回函資料後寄回，我們將贈送您一本好書（隨機選贈）及生日當月購書優惠，您的意見與建議是我們不斷進步的目標，智學堂文化再一次感謝您的支持！

想知道更多更即時的訊息，請搜尋"永續圖書粉絲團"

您也可以使用以下傳真電話或是掃描圖檔寄回本公司電子信箱，謝謝！

傳真電話： 　　　　　　　　電子信箱：
（02）8647-3660 　　　　　yungjiuh@ms45.hinet.net

姓名：＿＿＿＿＿＿＿ ○先生 ○小姐 生日：＿＿＿＿＿＿ 電話：＿＿＿＿＿＿

地址：＿＿＿＿＿＿＿＿＿＿＿＿＿＿＿＿＿＿＿＿＿＿＿＿＿＿＿＿＿

E-mail：＿＿＿＿＿＿＿＿＿＿＿＿＿＿＿＿＿＿＿＿＿＿＿＿＿＿＿＿

購買地點（店名）：＿＿＿＿＿＿＿＿＿＿＿ 購買金額：＿＿＿＿＿＿

職　　業：○學生　○大眾傳播　○自由業　○資訊業　○金融業　○服務業　○教職
　　　　　○軍警　○製造業　○公職　○其他＿＿＿＿＿＿＿＿＿＿＿

教育程度：○高中以下（含高中）　○大學、專科　○研究所以上

您對本書的意見：☆內容　　　　○符合期待　○普通　○尚改進　○不符合期待
　　　　　　　　☆排版　　　　○符合期待　○普通　○尚改進　○不符合期待
　　　　　　　　☆文字閱讀　　○符合期待　○普通　○尚改進　○不符合期待
　　　　　　　　☆封面設計　　○符合期待　○普通　○尚改進　○不符合期待
　　　　　　　　☆印刷品質　　○符合期待　○普通　○尚改進　○不符合期待

您的寶貴建議：